Knit Love 제3회 공모전 수상작
손뜨개 소품집 II

니트러브 엮음

Contents

행운(幸運) - 휴지통, 슬리퍼
대상 고 영 애

작품 7 쪽
뜨는 법 64 쪽

만추(晩秋)
고 영 애

작품 8 쪽
뜨는 법 67 쪽

북유럽풍 청어 매트
특별상 김 현 심

작품 9 쪽
뜨는 법 70 쪽

꿈(아기 이불)
특별상 김 현 옥

작품 10 쪽
뜨는 법 71 쪽

오손도손(카펫)
김 현 옥

작품 11 쪽
뜨는 법 72 쪽

하얀 접시꽃
김 현 옥

작품 12 쪽
뜨는 법 74 쪽

곰순이 목베개
특별상 김 미 정

작품 13 쪽
뜨는 법 76 쪽

꽃잠 이불, 꽃잠 쿠션
특별상 김 명 순

작품 14 쪽
뜨는 법 78 쪽

주방용품 세트
특별상 장 임 순

작품 15 쪽
뜨는 법 81 쪽

Knittey의 북유럽 여행 (베드스프레드)
금상 박 영 화

작품 16 쪽
뜨는 법 83 쪽

나인
금상 김 영 숙

작품 17 쪽
뜨는 법 85 쪽

자동차 매트
금상 배 수 정

작품 18 쪽
뜨는 법 88 쪽

화려한 외출
배 수 정

작품 19 쪽
뜨는 법 89 쪽

꽃무늬 가방
배 수 정

작품 20 쪽
뜨는 법 90 쪽

별 쿠션
배 수 정

작품 21 쪽
뜨는 법 91 쪽

애벌레 가족
배 수 정

작품 22 쪽
뜨는 법 92 쪽

가을 나무
금상 박 미 선

작품 23 쪽
뜨는 법 93 쪽

넝쿨 밸런스
박 미 선

작품 24 쪽
뜨는 법 95 쪽

피크닉 닭가방
금상 박 수 진

작품 25 쪽
뜨는 법 96 쪽

꽃이 화려한 빈티지 느낌의 테이블클로스
금상 조 향 미

작품 26 쪽
뜨는 법 97 쪽

블랭킷 스타일 카펫
조 향 미

작품 27 쪽
뜨는 법 99 쪽

장미꽃이 있는 주방 미니커튼
조 향 미

작품 28 쪽
뜨는 법 101 쪽

K-팝-콘 숄더백
조 향 미

작품 29 쪽
뜨는 법 103 쪽

초코의 외출
금상 유 창 희

작품 30 쪽
뜨는 법 104 쪽

산들바람(문발)
은상 박 경 숙

작품 31 쪽
뜨는 법 107 쪽

정오의 햇살(커튼)
박 경 숙

작품 32 쪽
뜨는 법 109 쪽

꽃향기(티슈커버)
박 경 숙

작품 33 쪽
뜨는 법 112 쪽

가을 나무 블랭킷
은상 장 미 영

작품 34 쪽
뜨는 법 115 쪽

단풍 러그
장 미 영

작품 35 쪽
뜨는법 116 쪽

행복한 꽃잎 러그
은상 유 니 나

작품 36 쪽
뜨는법 117 쪽

동글동글 왕사탕 담요와 쿠션
은상 오 성 숙

작품 37 쪽
뜨는법 118 쪽

모노톤 블랭킷
은상 김 혜 경

작품 38 쪽
뜨는법 121 쪽

사선 블랭킷
김 혜 경

작품 39 쪽
뜨는법 123 쪽

양면 과일 현관 매트
은상 배 경 숙

작품 40 쪽
뜨는법 124 쪽

내 사랑 카펫
배 경 숙

작품 41 쪽
뜨는법 126 쪽

화려한 캔꼭지 문발
배 경 숙

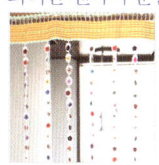

작품 42 쪽
뜨는법 128 쪽

고양이의 하루
은상 임 소 령

작품 43 쪽
뜨는법 130 쪽

인디언서머(가방)
은상 장 미 선

작품 44 쪽
뜨는법 134 쪽

인디언서머(블랭킷)
장 미 선

작품 45 쪽
뜨는법 135 쪽

모티브 코바늘 케이스
동상 강 하 정

작품 46 쪽
뜨는법 136 쪽

꽃 모티브 베개 커버
동상 이 강 미

작품 47 쪽
뜨는법 138 쪽

이니스프리 백
동상 최 명 옥

작품 48 쪽
뜨는법 140 쪽

꽃무리 카시트커버
최 명 옥

작품 49 쪽
뜨는법 141 쪽

이니스프리 물병커버, 이니스프리 컵커버
최 명 옥

작품 50 쪽
뜨는법 142 쪽

가을빛 책갈피
동상 김 자 영

작품 51 쪽
뜨는법 143 쪽

Baby 꿈나무
동상 이 원 숙

작품 52 쪽
뜨는법 144 쪽

도미노 담요
동상 임 성 미

작품 53 쪽
뜨는법 145 쪽

수호천사
동상 신 현 정

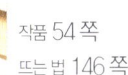

작품 54 쪽
뜨는법 146 쪽

감성 캠핑 가스워머
동상 김 화 신

작품 55 쪽
뜨는법 149 쪽

실타래의 꿈
동상 김 장 미

작품 56 쪽
뜨는법 150 쪽

섬김이의 수세미
동상 서 연 화

작품 57 쪽
뜨는법 152 쪽

사선 조각 가방
동상 김 숙 자

작품 58 쪽
뜨는법 154 쪽

북유럽풍 니트 토드백
동상 장 미 경

작품 59 쪽
뜨는법 155 쪽

꽃 수세미
동상 김 경 희

작품 60 쪽
뜨는법 156 쪽

가려진 시간 사이
동상 남 민 영

작품 61 쪽
뜨는법 157 쪽

헥사곤 러그
동상 니트러브

작품 62 쪽
뜨는법 159 쪽

Chapter 1
수상 작품

-전원생활을 시작하며-
그 많은 텃새 중에서, 가을만 되면 수리부엉이가 제일 먼저 생각나는 건…
우리 집에 행운을 가져다줄 거라는 믿음 때문일까요?

고 영 애 광양수티람

대상

행운(幸運) - 휴지통

사용실과 사용량 : 순면콘사 24합 베이지 1000g, 브라운 50g, 무색원사 500g
사용 도구 : 모사용 코바늘 6/0호
부자재 : 돗바늘
사이즈 : 20cm x 22cm, 14cm x 20cm
난이도 : ★★★☆☆
뜨는 법 : 64쪽

행운(幸運) - 슬리퍼

사용실과 사용량 : 순면콘사 24합 베이지 1,000g, 브라운 50g, 무색원사 500g
사용 도구 : 무시용 코바늘 5/0호
사이즈 : 10cm x 27cm
난이도 : ★★★☆☆
뜨는 법 : 66쪽

만추(晩秋)
고 영 애　광양수다방

고운 물듦이 짙어 가는 늦가을!
전체적으로 갈색 톤의 다정다감한 여인의 향기(일생)와
47개 잎사귀마다 사랑스러운 시간의 흐름(추억)을
색들의 향연(성찬)으로 연결해 본 원형 러그입니다.

사용실과 사용량 : 순면콘사 24합 베이지 1,000g, 브라운 2,500g, 무색원사 1,000g
사용 도구 : 대바늘 5.5mm, 모사용 코바늘 6/0호
부자재 : 돗바늘
사이즈 : 150cm x 150cm
난이도 : ★ ★ ★ ☆ ☆
뜨는 법 : 67쪽

특별상

북유럽풍 청어 매트

김 현 심 시은마마

요즘 대세, 트렌드인 북유럽풍 디자인을 우리집에도!!
작은 매트 하나로 개성 넘치는 집안 분위기를 만들어 보자구요~
북유럽풍 청어 매트. 확실한 분위기 UP! UP! 입니다~♡

사용실과 사용량 : 순면콘사 24합 흰색 340g,
파란색 270g, 검은색 면사 약간
사용 도구 : 대바늘 4.5mm
부자재 : 5온스 압축 솜 70cm x 45cm,
원단 72cm x 47cm , 청어 눈알 8mm 7개
사이즈 : 70cm x 45cm
난이도 : ★ ★ ★ ☆ ☆
뜨는 법 : 70쪽

특별상

꿈(아기 이불)

김 현 옥 하늘여자

색색이 사랑스럽고 부드러운 실의 조합으로
귀엽고 예쁜 아기가 덮고 고운 꿈을 꿀 수 있을 듯해서
꿈이라 이름 지었습니다.

사용실과 사용량 : 빈센트 3p 베이지 60g 4볼 + 핑크 2볼 + 블루 3볼. 스카이 블루 3볼. 엘리스 블루 1볼
사용 도구 : 모사용 5/0호
사이즈 : 92cm x 102cm
난이도 : ★ ★ ★ ☆ ☆
뜨는 법 : 71쪽

오손도손(카펫)

김 현 옥 하늘의자

카펫 위에 앉아서 정다운 이야기도 나누고 맛있는 간식도 먹는 모습을 떠올리며 오손도손이라는 이름을 지었습니다.

사용실과 사용량 : 순면콘사 24합 2,200g, 흰색 약간
사용 도구 : 모사용 코바늘 5/0호
사이즈 : 100cm x 150cm
난이도 : ★★★☆☆
뜨는 법 : 72쪽

하얀 접시꽃

김 현 옥 하늘여자

하얀 접시꽃의 꽃말은 풍요와 평안입니다.
가정의 풍요와 평안을 기원하는 작품을 만들고 싶어
하얀 접시꽃이란 이름을 붙여줬습니다.

사용실과 사용량 : 마사 400g
사용 도구 : 레이스 코바늘 2호
사이즈 : 100cm x 150cm
난이도 : ★ ★ ★ ☆ ☆
뜨는 법 : 74쪽

특별상

곰순이 목베개

김 미 정

언제 어디서나 잠깐의 휴식을 만끽하게 해 주는 목베개…
잠깐의 피로를 풀 때도 눈이 즐거워야 하고 몸이 즐거워야 한다고 생각했습니다.
동심이 느껴지는 귀여운 아기곰 캐릭터로 눈을 즐겁게…
부드럽고 따스한 빈센트 칵테일의 포근함으로 몸을 즐겁게….

사용실과 사용량 : 빈센트 칵테일 진노란색 1볼. 연노란색 1/2볼. 밤색 약간
사용 도구 : 모사용 코바늘 5/0호
부자재 : 솜. 돗바늘
사이즈 : 26cm x 31cm(게이지 : 27코 x 30단)
난이도 : ★ ★ ★ ☆ ☆
뜨는 법 : 76쪽

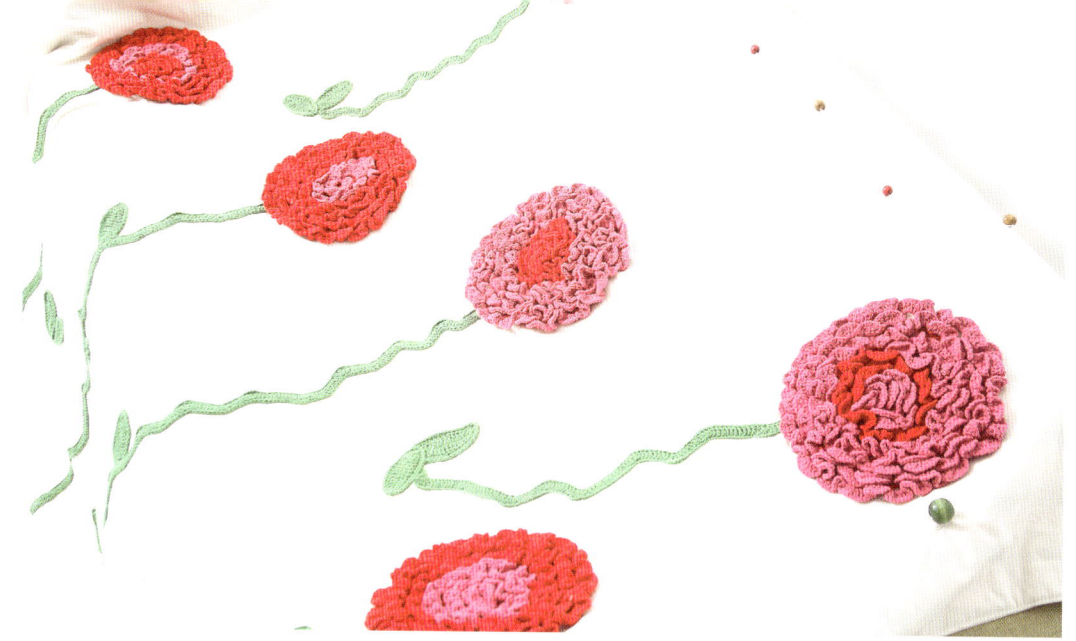

특별상

꽃잠 이불, 꽃잠 쿠션

김 명 순 시몽

부재료의 활용으로 보다 폭넓은 손뜨개를 해 보고 싶었습니다.

사용실과 사용량 : 순면콘사 24합 분홍색, 빨간색, 연두색 500g씩
사용 도구 : 모사용 코바늘 5/0호
부자재 : 워싱면, 나무구슬, 지퍼
사이즈 : 쿠션 39cm x 39cm, 이불 142cm x 196cm
난이도 : ★ ★ ☆ ☆ ☆
뜨는 법 : 78쪽

특별상

주방용품 세트

장임순 야미야미

음식과 친숙한 동물인 돼지 모양으로 만든 주방 소품입니다.

사용실과 사용량 : 순면콘사 24합 분홍색 500g
사용 도구 : 모사용 코바늘 6/0호
부자재 : 실
사이즈 : 티매트 11cm x 10.5cm, 냄비받침 15cm x 12cm,
  주방장갑 18cm x 21cm
난이도 : ★ ★ ★ ☆ ☆
뜨는 법 : 81쪽

금상

Knittey의 북유럽 여행(베드스프레드)

박 영 화 또랑또랑

요즘 한창 유행하고 있는 북유럽 인테리어에서 착안하여 헥사곤 모티브에
북유럽 패턴을 넣어 베드스프레드를 만들어 보았습니다.
이번 소품 공모전 준비를 계기로 북유럽 패턴의 매력에 매료되었습니다.
보통의 블랭킷이나 매트들은 면사나 아크릴 함량이 높은 울사 등을 주로 쓰지만
원하는 색감과 굵기를 고려하여 울노바를 선택했습니다.
다소 어두운 느낌이 들긴 하지만 계절에 맞는 포근함과 따뜻함을 느낄 수 있습니다.

사용실과 사용량 : 울노바 10p 진회색 80g x 14볼, 마른장미 80g x 12볼, 붉은자주 80g x 8볼,
베이지 80g x 7볼, 블루그레이 80g x 2볼, 그린 80g x 2볼
사용 도구 : 대바늘 6mm, 6mm 장갑바늘 혹은 40cm 줄바늘, 모사용 코바늘 8/0호
사이즈 : 190cm x 260cm
난이도 : ★ ★ ★ ★ ☆
뜨는 법 : 83쪽

금상

나인

김영숙

코바늘을 이용하여 퀼트에서
9조각을 이어 붙여 만드는
나인패치를 응용해서
한번 만들어 봅니다.

사용실과 사용량 :
스타킹 오렌지 믹스 3팩, 퍼플 믹스 3팩,
옐로 믹스 1팩, 블루 믹스 1팩,
레드 믹스 2팩, 카키 믹스 2팩, 블랙 믹스 2팩,
아이보리 믹스 6팩
사용 도구 : 모사용 코바늘 10/0호
사이즈 : 200cm x 200cm
난이도 : ★ ★ ★ ☆ ☆
뜨는 법 : 85쪽

금상

자동차 매트

배 수 정

땀이 많은 아이가 끈적이는 게 싫다고 한여름에도 양말을
신고 다니는 모습을 보고 아이 방 침대 밑에 두면
좋을 것 같아서 자동차 모양으로 매트를 짜게 되었습니다.
생각했던 것보다 더 좋아하네요. ^^

사용실과 사용량 : 순면콘사 18합 파란색 450g, 흰색 900g, 베이지색 450g, 검은색 450g
사용 도구 : 모사용 코바늘 3/0호, 5/0호
사이즈 : 145cm x 100cm
난이도 : ★ ★ ★ ☆ ☆
뜨는 법 : 88쪽

화려한 외출

배 수 정 예쁜손

가방이나 소품은 면사로 뜬다는 고정관념이 있는데 아크릴사로 작품을 떠도 멋진 분위기를 연출할 수 있다는 걸 보여주고 싶었습니다.

사용실과 사용량 :
아크릴사 자주색, 수황색, 초록색, 체리색, 청보라색, 회색, 파란색, 청록색, 머스터드색, 백색, 오렌지색 각 80g과 검은색 약간

사용 도구 : 대바늘 4.5mm

부자재 : 가죽 손잡이, 안감

사이즈 : 30cm x 23cm

난이도 : ★ ★ ★ ☆ ☆

뜨는 법 : 89쪽

꽃무늬 가방

배 수 정 예쁜손

각양각색의 아크릴사로 수놓은 꽃무늬 가방.
따뜻하면서 포근한 색상의 귀여운 소품을 만들어 봤습니다.

사용실과 사용량 : 아크릴사 청보라색, 청록색, 머스터드색, 주황색, 체리색, 파란색 각 80g
사용 도구 : 모사용 코바늘 6/0호
부자재 : 손잡이 원형고리
사이즈 : 27cm x 15cm
난이도 : ★ ★ ★ ☆ ☆
뜨는 법 : 90쪽

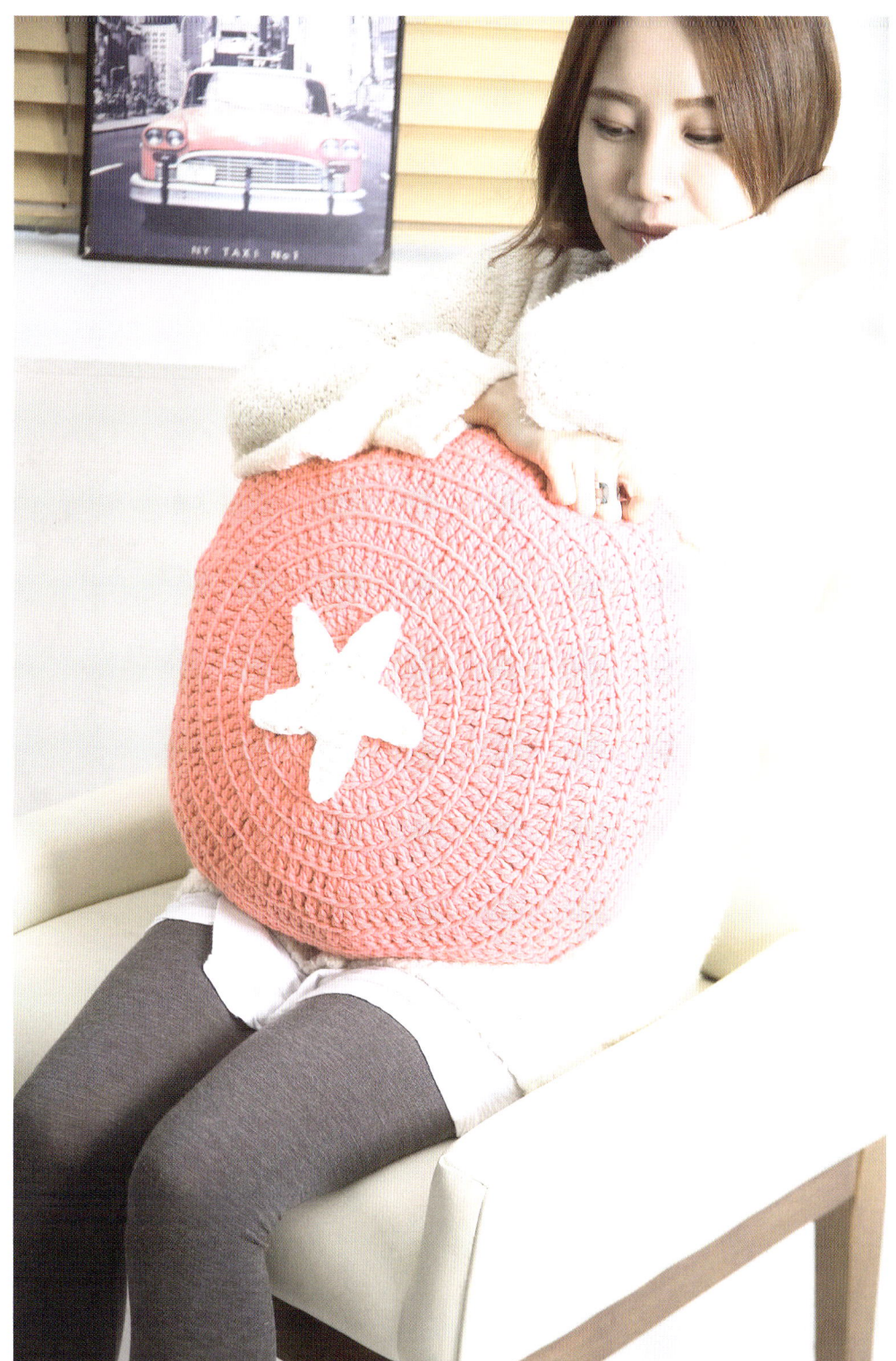

별 쿠션

배 수 정

수입품 코너에서 비슷한 제품을 보고 아이디어를 얻어 뜨게 되었습니다.
사이즈별로 뜨면 인테리어 효과도 짱!

사용실과 사용량 : 아크릴사 살구색 300g, 흰색 80g
사용 도구 : 모사용 코바늘 7/0호
부재료 : 지퍼
사이즈 : 45cm x 45cm
난이도 : ★ ★ ☆ ☆ ☆
뜨는 법 : 91쪽

애벌레 가족

배 수 정

외국 여행가서 우연히 소품점에서 판매되고 있는 걸 보고 꼭 한번 만들어 봐야겠다고 생각했어요. 활용도가 많아서 더 사랑스런 아이들이에요.

사용실과 사용량 : 아크릴사 다홍색, 머스터드색, 연두색, 형광 오렌지색 각 80g
사용 도구 : 대바늘 6mm, 모사용 코바늘 5/0호
부자재 : 눈단추, 솜
사이즈 : 9cm x 15cm, 9cm x 20cm, 9cm x 25cm, 9cm x 30cm, 9cm x 35cm
난이도 : ★ ★ ★ ☆ ☆
뜨는 법 : 92쪽

금상

가을 나무

박미선

가을을 품은 밸런스커튼입니다.
가을빛 드리워진 거실에서 커피 한 잔 마시면
가을 숲에 온 듯한 느낌을 받을 거예요.

사용실과 사용량 : 혼방사 연두색 480g, 연카키 480g, 머스터드색 270g
사용 도구 : 모사용 코바늘 6/0호
사이즈 : 113cm x 86cm
난이도 : ★★★★★
뜨는 법 : 93쪽

넝쿨 밸런스

박미선 손뜨개여왕

높은 담장에는 자태를 뽐내는 넝쿨이 있습니다.
나무처럼 단단한 기둥도 없고 키다란 가지도 없지만
담장을 가득 채운 넝쿨은 담장의 위엄을 잠재울 만큼 아름답죠.
마치 작지만 화사한 밸런스커튼처럼요.

사용실과 사용량 : 순면콘사 18합 녹색 50g, 분홍색 20g
사용 도구 : 모사용 코바늘 4/0호, 5/0호
사이즈 : 118cm x 98cm
난이도 : ★★★★☆
뜨는 법 : 95쪽

금상

피크닉 닭가방

박 수 진

요즘의 손뜨개는 단순히 필요에 의해서만 뜨는 것이 아니고 힐링의 의미를 가지고 있는 것 같아요.
공방을 찾으실 때도 삶을 즐기시라는 의미로 실가방도 예쁘게 만들어 드리고 싶었답니다.
여름에 필수품인 얼음물을 넣을 수 있도록 길게 만들기 위해 고민하던 중 닭의 모습에서
그 모양을 찾게 되었습니다.
공방에 오실 때 예쁘게 차려 입으시고 각기 다른 닭가방을
들고 오시는 모습을 보면 저도 힐링이 된답니다.

사용실과 사용량 : 집시pp사 흰색 240g, 잡사 빨간색(벼슬) 약간, 잡사 주황색(부리) 약간
사용 도구 : 모사용 코바늘 6/0호
부자재 : 인형 눈 2개
사이즈 : 35cm x 28cm
난이도 : ★ ★ ★ ☆ ☆
뜨는 법 : 96쪽

금상

꽃이 화려한 빈티지 느낌의 테이블클로스

조향미 맨디

요즘 유행하는 빈티지 느낌의 그레니 모티브로 아담한 사이즈의 손뜨개 가방을 만들려고 하였으나 뜨면서 색감에 스스로 매료되어 테이블클로스를 만들게 되었답니다.
테이블클로스로서 6인용 교자상 사이즈에 정확히 맞추어 귀퉁이 부분을 오므려서 테이블에 씌워 자칫 복잡해 보일 수 있는 꽃 모티브를 심플하게 했구요, 4귀퉁이는 모티브에 사용된 꽃을 2개씩 겹쳐서 장식을 달아 주어 심플하면서도 멋드러지게 표현했답니다.

사용실과 사용량 : 면사 녹색 50g 8볼, 옐로베이지색 100g 8볼, 붉은색 100g 4볼
사용 도구 : 모사용 코바늘 5/0호
사이즈 : 80cm x 120cm
난이도 : ★ ★ ★ ☆ ☆
뜨는 법 : 97쪽

블랭킷 스타일 카펫

조향미

곧 태어날 사랑스러운 아기를 위해 1코 1코 정성을 들여 만든 카펫은 아기가 무럭무럭 자라 엄마랑 함께 놀아 주길 바라면서~ 미래의 멋진 할머니가 되고픈 간절한 소망으로 딸과 미래의 손자나 손녀를 위해 만든 카펫이랍니다.

사용실과 사용량 : 몽블랑 스탠더드 No.33 민트 30g x 34볼, No.4 오렌지 30g x 29볼, No.7 옐로그린 30g x 34볼, No. 11 엘리스블루 30g x 29볼, No. 22 베이비옐로 30g x 25볼
사용 도구 : 모사용 코바늘 10/0호
부자재 : 마커, 돗바늘
사이즈 : 128cm x 128cm
난이도 : ★ ★ ★ ☆ ☆
뜨는 법 : 99쪽

장미꽃이 있는 주방 미니커튼

조 향 미

아침에 일어나서 장미 향내 나는 주방에서 부엌일을 시작한다면
하루가 얼마나 행복할까요?

사용실과 사용량 : 몽블랑 스탠더드 No.23 디프옐로 30g 5볼,
No.26 디프그린 30g 5볼, No.25 올리브 30g 7볼
사용 도구 : 모사용 코바늘 6/0호
부자재 : 돗바늘, 가위, 줄자
사이즈 : 101cm x 47cm
난이도 : ★ ★ ★ ☆ ☆
뜨는 법 : 101쪽

K-팝-콘 숄더백

조향미 맨디

전 세계적인 인기를 누리는 K팝과 튀기면 톡톡 튀어 오르는 팝콘처럼
니터들에게 니팅 욕구가 배가 되길 염원하며 K-팝-콘 숄더백이라 이름 지었습니다.

사용실과 사용량 : 도미노 종이실 나염사 10볼(750g)
사용 도구 : 모사용 코바늘 6/0호
부자재 : 돗바늘, 지퍼, 안감, 고급 가죽 손잡이, 가방 발 5개, 손잡이와 같은 색상의 가죽(74cm x 8cm)
사이즈 : 36cm x 32cm
난이도 : ★ ★ ★ ☆ ☆
뜨는 법 : 103쪽

금상

초코의 외출

유 창 희 초코니 기맘

푸들 강아지와 행복한 외출을 하기 위해 만든 작품입니다. 강아지 캐릭터를 살려서 입체적으로 만들었고 캐리어 안쪽까지 수면실을 사용해 포근함을 느끼도록 했으며, 안정감, 편안함을 강조하였습니다.

사용실과 사용량 : 코드사 흰색 8볼(400g), 진밤 1볼(50g), 베이지 1볼(50g), 베이비론(베베사)는 약간
사용 도구 : 모사용 코바늘 5/0호, 대바늘 5mm
부자재 : 낚싯줄, 스팽글, 지퍼, 가방 손잡이, 깔판, 단추, 바늘, 솜
사이즈 : 48cm x 23cm
난이도 : ★ ★ ★ ☆ ☆
뜨는 법 : 104쪽

은상

산들바람 (문발)

박 경 숙

현관문이나 방문을 열어 놓을 때 문발을 드리우면 바람도 솔솔 통하고 햇빛도 막아 주고 사생활도 지켜줍니다.

사용실과 사용량 : 순면콘사 24합
은사반짝이 콘사 100g
사용 도구 : 모사용 코바늘 5/0호
사이즈 : 45cm x 160cm 2장
난이도 : ★ ★ ★ ☆ ☆
뜨는 법 : 107쪽

정오의 햇살(커튼)

박 경 숙 통통이

창가에 드리우면 햇빛도 가려 주고
바람도 잘 통하고 안이 비치지도 않아요.

사용실과 사용량 : 순면콘사 18합 1,100g
사용 도구 : 모사용 코바늘 5/0호
사이즈 : 65cm x 120cm 2장
난이도 : ★ ★ ★ ☆ ☆
뜨는 법 : 109쪽

꽃향기 (티슈커버)

박 경 숙 통통이

원통으로 돌려서 콘사로 이랑뜨기를 한 다음 자투리 실로
꽃, 잎사귀 모양을 만들어서 달아 주었습니다.

사용실과 사용량 : 순면콘사 24합 300g, 자투리 실 약간
사용 도구 : 모사용 코바늘 0/6호
사이즈 : 24cm x 14cm
난이도 : ★ ★ ★ ☆ ☆
뜨는 법 : 112쪽

은상

가을 나무 블랭킷

장미영 로즈영

가을 나무의 느낌으로 나를 감싸는 포근한 블랭킷입니다.

사용실과 사용량 : 울100% 12p 밤색·진밤색·아이보리색·차콜그레이색·인디고블루색 모두 600g씩
사용 도구 : 모사용 코바늘 10/0호
사이즈 : 130cm x 80cm
난이도 : ★ ★ ★ ☆ ☆
뜨는 법 : 115쪽

단풍 러그

장 미 영

알록달록한 단풍잎으로 밋밋한 거실에
가을을 초대합니다.
포인트 장식으로 단연 최고!

사용실과 사용량 :

혼방사 연두색·분홍색·노란색·하늘색·파란색·
다홍색·진보라색 각각 250g씩
사용 도구 : 모사용 코바늘 9/0호
사이즈 : 90cm x 30cm
난이도 : ★ ★ ★ ☆ ☆
뜨는 법 : 116쪽

은상
행복한 꽃잎 러그
유 니 나 핑거니나

안 좋은 일들은 자르고, 복을 엮어서 크게 크게
행복한 꽃잎을 달아 항상 행복하게…

사용실과 사용량 : 면 원단 2,600g, 혼방사(꽃잎) 500g
사용 도구 : 모사용 코바늘 6/0호 10mm
사이즈 : 120cm x 120cm
난이도 : ★ ★ ★ ☆ ☆
뜨는 법 : 117쪽

은상

동글동글 왕사탕 담요와 쿠션

오 성 숙

담요

가운데 동그란 모티브들이 어릴 적 먹던 왕사탕을 생각나게 하는 포근한 담요입니다.
단순한 네모 모티브를 1장씩 연결하기보다 4장씩 따로 연결해 또 다른 큰 네모
모티브를 만들어 단조로움을 피했고 아울러 만들기도 편하게 했습니다.

쿠션

담요와 같은 모티브를 1장씩 연결했습니다.
테두리도 담요와 같은 갈색으로 통일하여 담요와 한 세트로 만들었습니다.

사용실과 사용량 : 각종 모사와 혼방 약 2,000g
사용 도구 : 모사용 코바늘 0/6호
사이즈 : 담요(30cm x 160cm), 쿠션(45cm x 45cm)
난이도 : ★ ★ ★ ☆ ☆
뜨는 법 : 118쪽

> 은상

모노톤 블랭킷

김 혜 경 빨간망토

차분하고 은은한 분위기의 블랭킷으로 단순한 배색의 묘미를 느낄 수 있습니다.

사용실과 사용량 : 빈센트8피 검은색 400g, 흰색 400g, 회색 400g, 진회색 400g
사용 도구 : 모사용 코바늘 5/0호
사이즈 : 120cm x 95cm
난이도 : ★ ★ ★ ☆ ☆
뜨는 법 : 121쪽

사선 블랭킷

김 혜 경

조각잇기가 싫증났다면 그러데이션에 도전해 보세요.
은은하게 변화되는 색상이 매력적입니다.

사용실과 사용량 : 빈센트3피 21가지 색상 각 60g씩, 다크블루색 180g
사용 도구 : 모사용 코바늘 4/0호, 5/0호
사이즈 : 118cm x 98cm
난이도 : ★ ★ ★ ☆ ☆
뜨는 법 : 123쪽

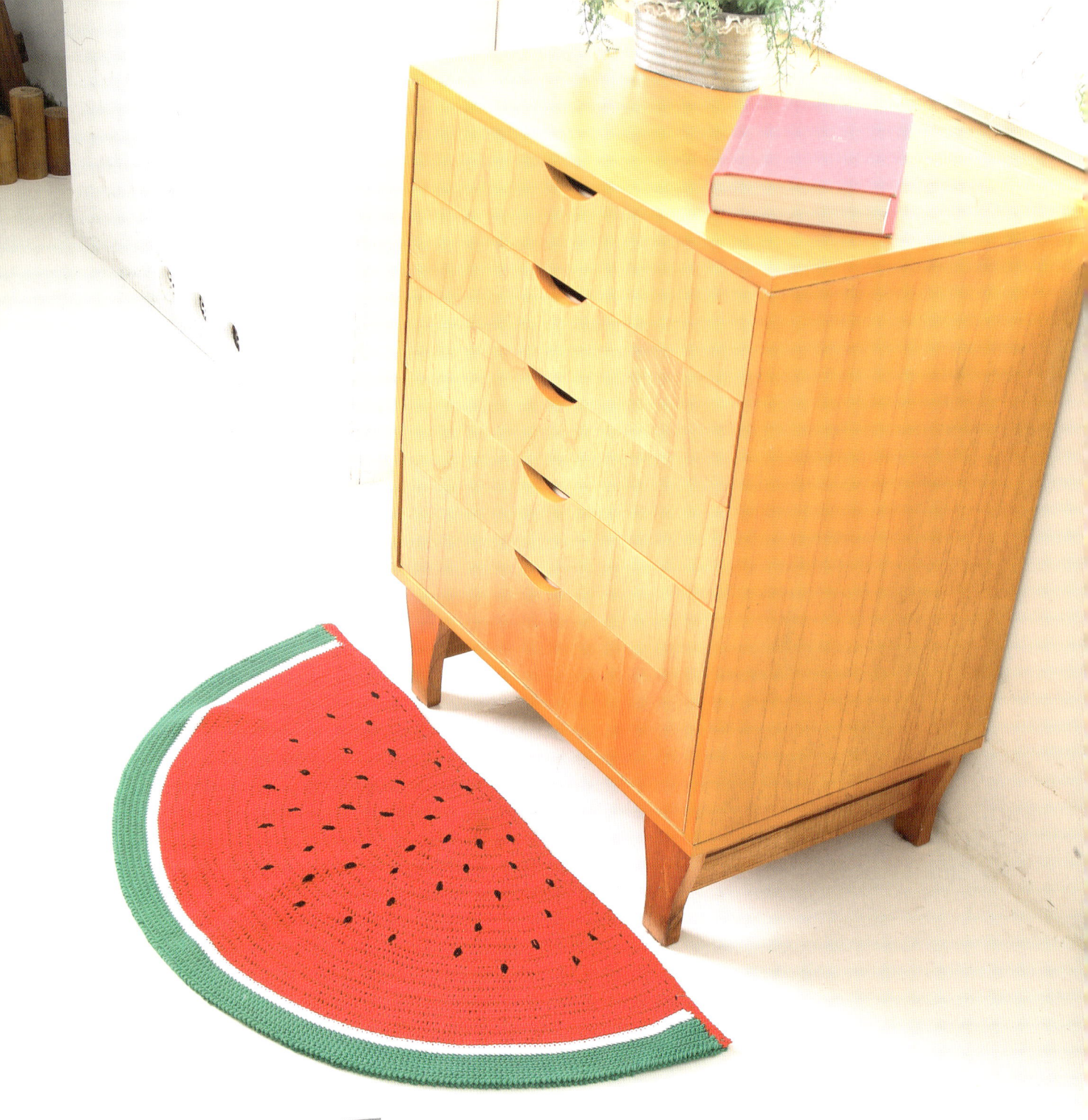

은상

양면 과일 현관 매트

배 경 숙

집 현관 문을 열고 들어왔을 때 먹음직스러운 과일이 첫눈에 보이면 좋을 것 같고 한 번씩 뒤집어 다른 과일도 구경하면 좋을 것 같습니다.

사용실과 사용량 : 순면콘사 18합 빨간색 500g · 초록색 300g · 흰색 100g · 검은색 약간
사용 도구 : 모사용 코바늘 3/0호
사이즈 : 101cm x 47cm
난이도 : ★ ★ ★ ★ ☆
뜨는 법 : 124쪽

내 사랑 카펫

배 경 숙

화려한 색깔의 모티브로 카펫을 만들었습니다.
소파나 의자 커버로 활용해도 좋을 것 같습니다.

사용실과 사용량 : 순면콘사 18합 흰색120g, 여러 가지 색상 약간씩
사용 도구 : 모사용 코바늘 3/0호
사이즈 : 120cm x 170cm
난이도 : ★ ★ ★ ★ ★
뜨는 법 : 126쪽

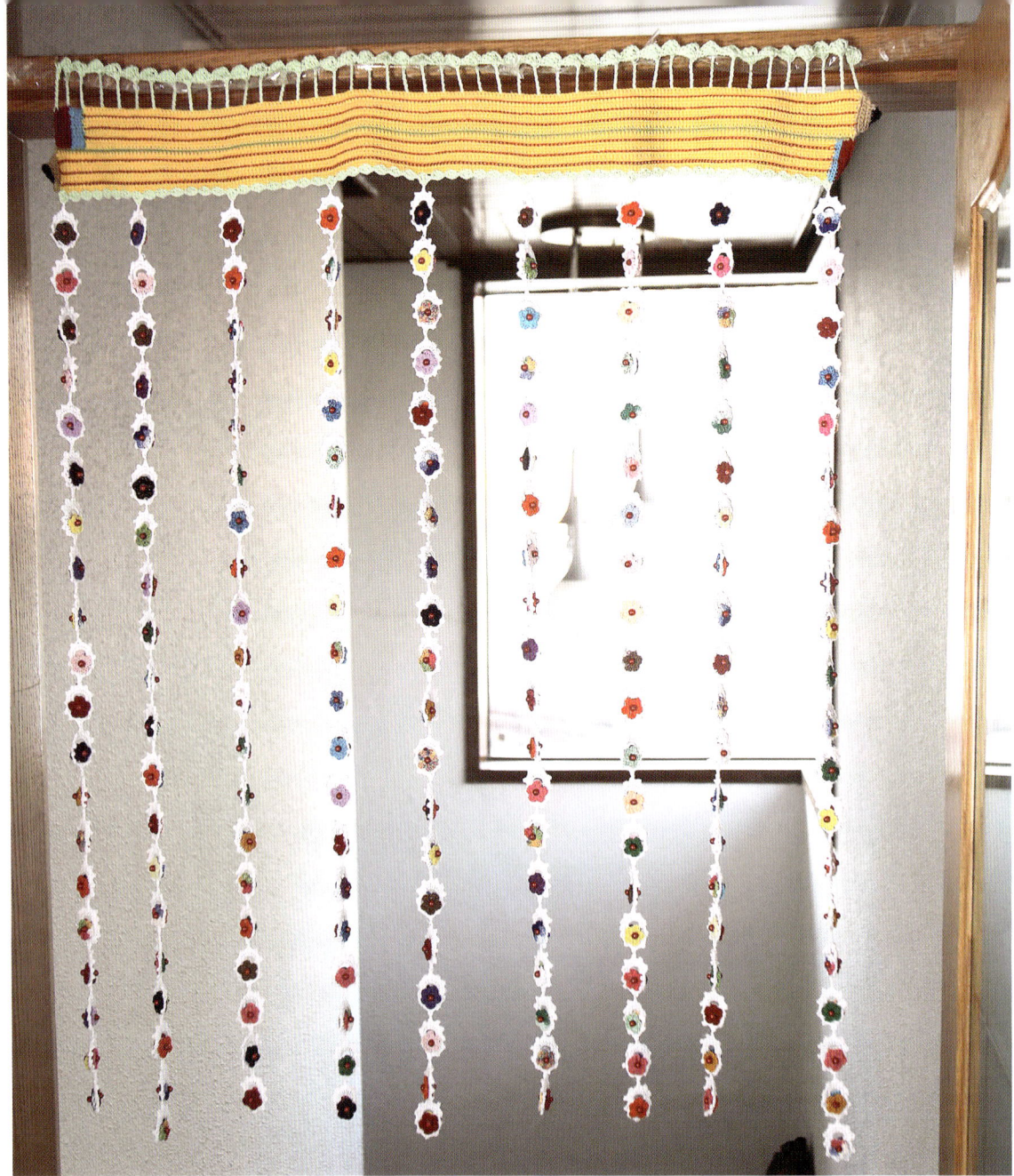

화려한 캔꼭지 문발

배경숙

음료수를 마시고 남은 캔꼭지로 손뜨개 작품을 해 볼까 하다가
발을 만들었고, 그냥 걸어 보니 예쁘지가 않아서 꽃을 만들어 장식했습니다.
아이들 방 입구나 화장실 입구에 걸어도 예쁠 것 같습니다.

사용실과 사용량 : 순면 30수 흰색 80g, 노란색 60g, 연두색, 베이지색, 검은색 약간씩
사용 도구 : 레이스용 코바늘 2호
부자재 : 캔꼭지 180개, 글루건, 구슬 360개
사이즈 : 82cm x 98cm
난이도 : ★ ★ ★ ☆ ☆
뜨는 법 : 128쪽

은상
고양이의 하루

임소령

낮잠 자는 고양이의 모습을 형상화한 컵 받침입니다. 앞뒤로 돌리면 표정이 달라져요.

사용실과 사용량 : 순모 갈색 40g · 아이보리색 20g · 자수용실 검은색 · 갈색 약간씩
사용 도구 : 3mm 대바늘
부자재 : 돗바늘, 솜을 넣기 위한 겸자, 지름 7cm의 원형으로 자른 두꺼운 종이
사이즈 : 22cm × 15cm
난이도 : ★★★☆☆
뜨는 법 : 130쪽

은상

인디언서머(가방)

장미선 소금쟁이

겨울 앞에 다시 한 번 뜨거운 여름이 찾아와 주길 소망하는 사람만이
신이 선물한 짧은 기적인 인디언의 태양을 누릴 수 있다고 합니다.
이 가방만으로도 기적의 따스함이 전해지길….

블랭킷을 뜨면서 따스한 가방도 하나 들고 다니면
겨울이 좀 더 따스해 보이지 않을까 하는 생각을 했더랍니다.

사용실과 사용량 : 혼방사 나염(2볼) 160g
사용 도구 : 모사용 코바늘 7/0호
사이즈 : 32cm x 40cm
난이도 : ★ ★ ☆ ☆ ☆
뜨는 법 : 134쪽

인디언서머(블랭킷)

장 미 선 소금쟁이

어릴 적 다섯 자매가 무릎 맞대고 담요를 덮고 앉아서
도란도란 이야기 나누며 지낸 추억을 그리며 뜬 블랭킷입니다.

사용실과 사용량 : 혼방사 나염(24볼) 1,920g
사용 도구 : 보시용 코바늘 7/0호
사이즈 : 100cm x 166cm
난이도 : ★★☆☆☆
뜨는 법 : 135쪽

동 상
모티브 코바늘 케이스

강 하 정

뜨개를 어느 정도 하다 보면 도구에 대한 욕심이 생기고, 세트 바늘을 구매하면 케이스도 필요하여
나만의 디자인으로 수납도 넉넉하게 할 수 있는 바늘집을 만들어 보았습니다.
기본 색상을 하늘색으로 하고 흰색과 분홍색을 매치하여 상큼한 느낌이 나도록 배색하였고,
모티브는 원형으로 시작하여 모서리 부분이 사각형으로 진행되는 패턴으로 총 15개를 사용하였습니다.

사용실과 사용량 : 순면 흰색10g · 분홍색10g · 하늘색 30g
사용 도구 : 모사용 코바늘 2/0호, 3/0호, 레이스용 코바늘 4호
부자재 : 원단, 단추, 안감
사이즈 : 27.5cm x 17cm
난이도 : ★ ★ ★ ☆ ☆
뜨는 법 : 136쪽

꽃 모티브 베개 커버

이 강미

잦은 세탁으로 낡았거나, 혹은 지루해진 베개나 쿠션에
새로운 옷을 입혀서 잠시나마 기분전환하세요.

사용실과 사용량 : 면사 흰색과 여러 색상 약간씩
사용 도구 : 모사용 코바늘 3/0호
부자재 : 단추 4개, 돗바늘
사이즈 : 48cm x 40cm
난이도 : ★ ★ ★ ☆ ☆
뜨는 법 : 138쪽

동상
이니스프리 백

최 명 옥 이쁜나비

세로무늬 배색이 자연스러운 백입니다.
롱크로스 이깨 끈은 단추를 달아 자유롭게
떼었다 붙였다 할 수 있어 멋스러운 연출이
가능합니다.
이 무늬를 활용하여 청바지에 잘 어울리는
멋진 가방을 만들고 싶었습니다.

사용실과 사용량 :
순면콘사 18합 파란색 200g · 하늘색 200g
사용 도구 : 모사용 코바늘 3/0호
부자재 : 단추, 안감
사이즈 : 33cm x 26cm
난이도 : ★ ★ ☆ ☆ ☆
뜨는 법 : 140쪽

꽃무리 카시트커버

최 명 옥 이쁜나비

꽃들이 핀 것 같은 시트에 앉으면 더 행복한 운전이 될 것 같아 블랭킷같이 화사한 색을 배색해 본 작품입니다.

사용실과 사용량 : 순면콘사 24합 보라색 900g · 분홍색 600g
사용 도구 : 모사용 코바늘 6/0호
부자재 : 단추 2.5cm 2개
사이즈 : 46cm x 130cm, 67cm x 20cm
난이도 : ★ ★ ★ ☆ ☆
뜨는 법 : 141쪽

이니스프리 물병커버, 이니스프리 컵커버

최 명 옥 이쁜나비

세로무늬로 배색해서 예쁜 물병커버와 시원한 아이스커피 컵커버를 만들어 보았습니다.

사용실과 사용량 : 순면콘사 18합 녹색 25g · 연노란색 60g · 하늘색 35g
사용 도구 : 모사용 코바늘 3/0호
사이즈 : 13cm x 12cm, 13cm x 17cm
난이도 : ★ ★ ☆ ☆ ☆
뜨는 법 : 142쪽

동상

가을빛 책갈피

김 자 영

그리움이 깊어지는 가을, 어린 시절 친구들이 생각나
친구들도 저를 기억해 주길 바라며 선물용으로 만들어 보았습니다

사용실과 사용량 : 면사 나염 약간
사용 도구 : 레이스용 코바늘 4호
사이즈 : 3cm x 35cm
난이도 : ★ ★ ☆ ☆ ☆
뜨는 법 : 143쪽

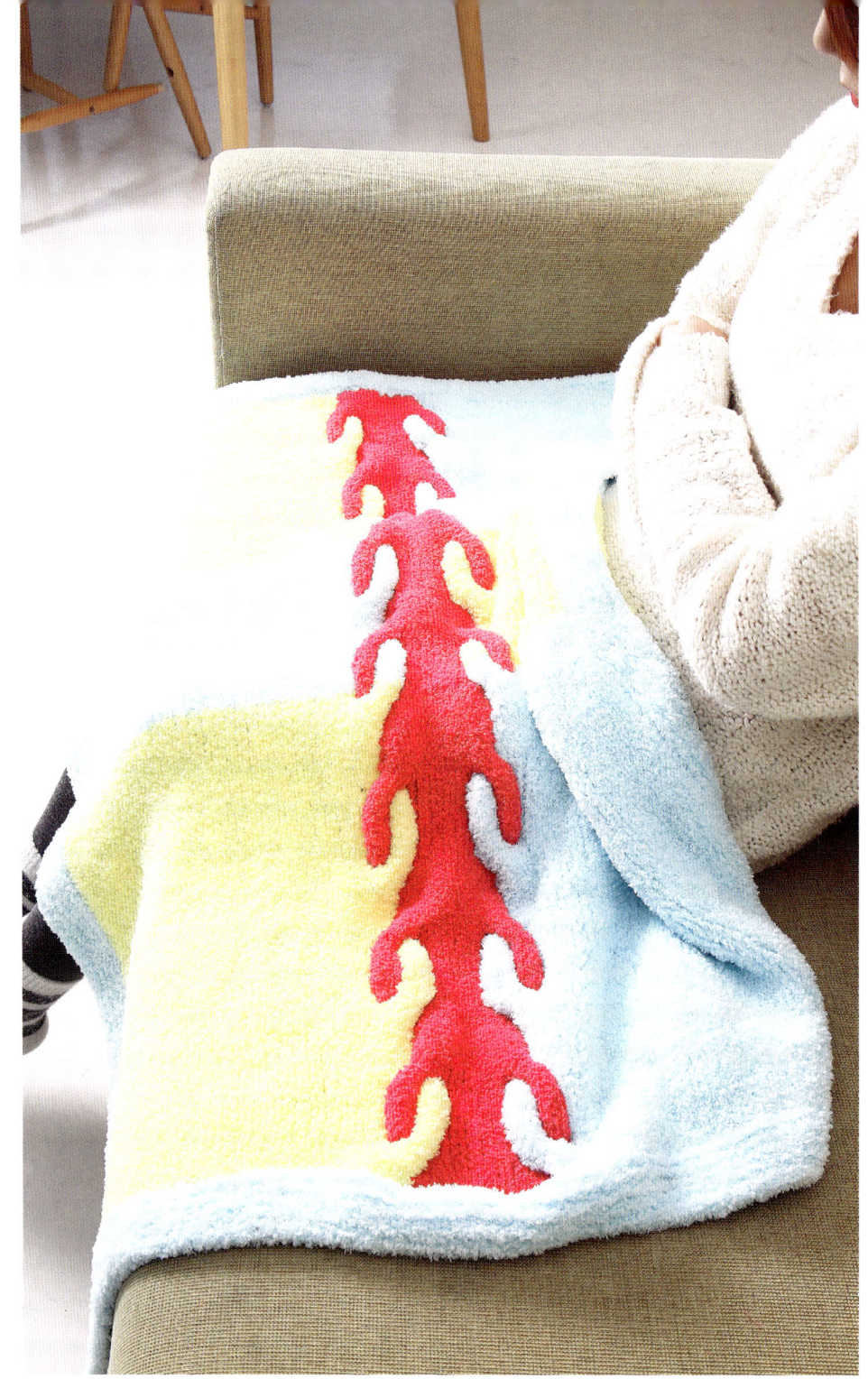

동 상

Baby 꿈나무

이 원 숙 귀관줄마

하이디의 포근함과 가벼움으로 추운 겨울 따스함을 한껏 느낄 수 있는 아기 이불 겸 블랭킷으로 사용 가능한 작품입니다. 미래의 꿈나무로 무럭무럭 잘 자라라는 의미로 작품 구상을 하며 완성하게 되었습니다.

사용실과 사용량 : 하이디 노란색 3볼(240g)·하늘색 4볼(320g), 토마토 1볼(80g)
사용 도구 : 대바늘 6mm
사이즈 : 75cm x 105cm
난이도 : ★ ★ ★ ☆ ☆
뜨는 법 : 144쪽

도미노 담요

임성미 에밀리

나염사를 사용한 작품으로 실의 그러데이션이 일반 뜨개 방향과 다르게 표현됩니다.
가볍고 따뜻해서 간절기용 무릎 담요나 유모차 담요로 사용하기 좋습니다.

사용실과 사용량 : 나염사 300g
사용 도구 : 대바늘 6mm
사이즈 : 70cm x 70cm
난이도 : ★ ★ ☆ ☆ ☆
뜨는 법 : 145쪽

수호천사

신현정   띠띠가누맘

화장실이 아닌 곳에 두루마리 휴지가 놓여 있는 것이 별로 예뻐 보이질 않아
예쁜 드레스를 입고 꽃을 든 천사를 만들게 되었어요!
보는 사람마다 남자친구를 만들기를 권해요.
다음엔 예쁘게 턱시도를 입은 신사도 만들어야겠어요.

사용실과 사용량 : 순면콘사 18합 베이지색·흰색·갈색·보라색·연보라색·분홍색·빨간색 약간씩
사용 도구 : 모사용 코바늘 3/0호
부자재 : 단추
사이즈 : 18cm x 23cm
난이도 : ★ ★ ★ ★ ★
뜨는 법 : 146쪽

> 동상

감성 캠핑 가스워머

김화진

캠핑에 감성을 입히다…. 손뜨개 소품의 새로운 시도….
밋밋한 이소부탄가스에 뜨개옷을 입혀 감성을 더함과 동시에
가스의 온도를 유지할 수 있는 실용성을 고려한 작품입니다.

사용실과 사용량 : 몽블랑 스탠더드 11가지색 약간씩
사용 도구 : 모사용 코바늘 5/0호
사이즈 : 12cm x 10cm
난이도 : ★ ★ ☆ ☆ ☆
뜨는 법 : 149쪽

동 상

실타래의 꿈

김 장 미 겨울장미

밤색 계열 색상의 실을 1겹을 잡고 여러 색상으로 변화를 주면서
2겹의 실을 이용하여 2중짧은뜨기 기법으로 작품을 완성하였습니다.

사용실과 사용량 : 혼방사 여러 가지 색 700g
사용 도구 : 모사용 코바늘 3/0호
부재료 : 안감, 지퍼, 손잡이 등
사이즈 : 46cm x 30cm
난이도 : ★ ★ ★ ☆ ☆
뜨는 법 : 150쪽

섬김이의 수세미

서 연화 **빨강풍선**

여러 가지 모양의 수세미로 주방을 꾸며 보세요.

사용실과 사용량 : 몽블랑 스탠더드 여러 가지 색상 약간씩
사용 도구 : 모사용 코바늘 5/0호
사이즈 : 12cm x 12cm
난이도 : ★ ★ ☆ ☆ ☆
뜨는 법 : 152쪽

사선 조각 가방

김숙자 Mommy

계절에 상관없이 언제 어디서나 들고 나갈 수 있는
멋과 세련미를 겸비한 명품 스타일 가방입니다.

사용실과 사용량 : 그레이스 베이지색 180g, 연두색 · 보라색 · 빨강색 각각 40g
사용 도구 : 모사용 코바늘 2/0호
사이즈 : 35cm x 40cm
난이도 : ★ ★ ★ ☆ ☆
뜨는 법 : 154쪽

북유럽풍 니트 토트백 장미경

요즘 핫한 아이템!!! 북유럽풍 스타일의 가방을 만들어 보았습니다.
북유럽풍 원단을 모티브로 삼아 4가지 다른 느낌으로 지루할 틈 없는 아이입니다.
가방의 입구는 예쁜 원단으로 1바퀴 둘러주었습니다.

사용실과 사용량 : 혼방사 여러 가지 색상 40g, 면사 여러 가지 색상 80g
사용 도구 : 대바늘 4mm, 3.5mm **부자재** : 안감, 돗바늘, 가방 손잡이, 단추
사이즈 : 36cm x 29cm(게이지 23cm x 29cm) **난이도** : ★ ★ ★ ☆ ☆
뜨는 법 : 155쪽

동상

꽃 수세미

김 경 희 김여사

가족의 건강과 지구의 환경을 위해서 계면 활성제인 주방 세제의 사용을 줄이기 위해

기름기를 잘 흡수하고 세균 번식이 적으며 그릇에 스크래치도 안 나는 아크릴사로 수세미를 만들어 사용합니다.

예쁜 수세미로 설거지를 하면 기분도 좋습니다.

사용실과 사용량 : 몽블랑 스탠더드 여러가지 색상 약간씩
사용 도구 : 모사용 코바늘 7/0호
사이즈 : 12cm x 12cm
난이도 : ★ ★ ☆ ☆ ☆
뜨는 법 : 156쪽

동상

가려진 시간 사이

남민영 진주엄마

우연히 캔꼭지 가방을 외국 사이트에서 보게 되어 가방을 만들었습니다. 커튼으로도 좋을 듯해서 시작했는데 커튼보다는 파티션이 더 유용하게 쓰일 것 같아 파티션으로 결정!
캔꼭지를 이용해 모티브를 만들고 연결하면 되는 쉬운 작품이면서도 완성도가 높아 좋은 것 같습니다.

사용실과 사용량 : 순면콘사 18합 흰색 450g · 파란색 250g · 하늘색 250g
사용 도구 : 모사용 코바늘 3/0호 **부자재** : 캔꼭지 336개, 파티션, 돗바늘
사이즈 : 80cm x 130cm **난이도** : ★ ★ ☆ ☆ ☆ **뜨는 법** : 157쪽

동상

헥사곤 러그
니트러브

따스함과 입체감이 발끝에서부터 전해지는 러그입니다.

사용실과 사용량 : 플라워사(꽃사) 빨간색 2볼 540g, 몽블랑 스탠더드 연노란색, 갈색, 진초록색 약간씩
사용 도구 : 모사용 코바늘 7/0호
부자재 : 돗바늘
사이즈 : 50cm x 90cm
난이도 : ★ ★ ☆ ☆ ☆
뜨는 법 : 159쪽

Chapter 2
작품 도안

대상

행운(幸運) - 휴지통
고영애

- **사용실과 사용량**: 순면콘사 24합 베이지 1000g, 브라운 50g, 무색원사 500g
- **사용 도구**: 모사용 코바늘 6/0호
- **부자재**: 돗바늘 **사이즈**: 20cm x 22cm, 14cm x 20cm
- **난이도**: ★★★☆☆ **작품 사진**: 7쪽

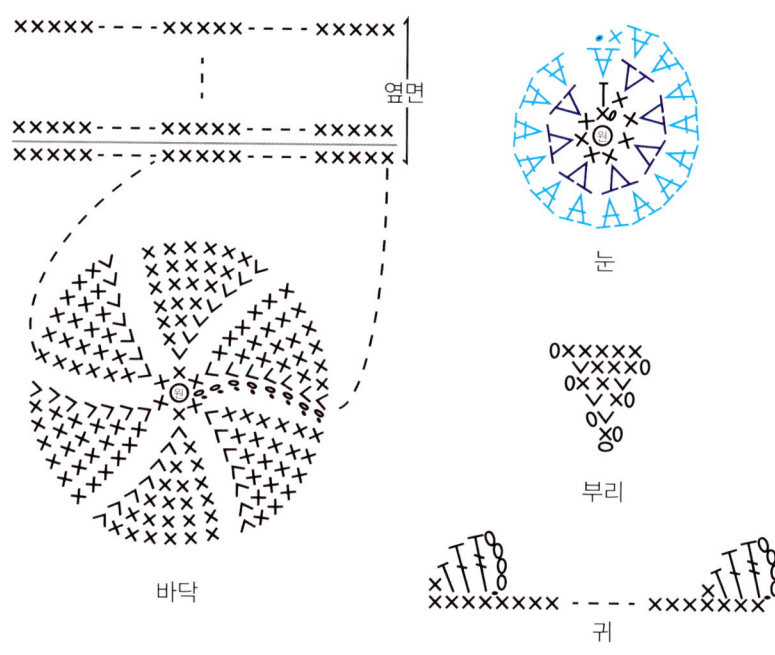

바닥 / 눈 / 부리 / 귀

큰 부엉이 휴지통

① 원형으로 코를 만들어 짧은뜨기로 6코를 시작하여 휴지통 바닥 크기에 맞게 바닥을 늘려 간다.
② 옆면은 늘림 없이 짧은뜨기로 휴지통 높이에 맞게 떠 준다.
③ 눈, 부리를 떠서 돗바늘로 몸통에 이어 준다.
④ 귀는 눈 위치에 맞춰 도안처럼 떠 준다.
⑤ 날개와 배 깃털을 떠서 몸통에 이어 준다.

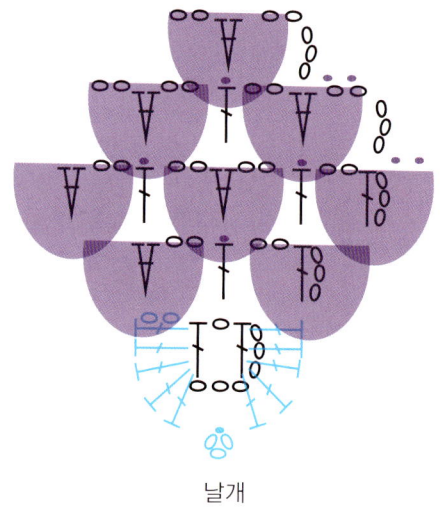

날개

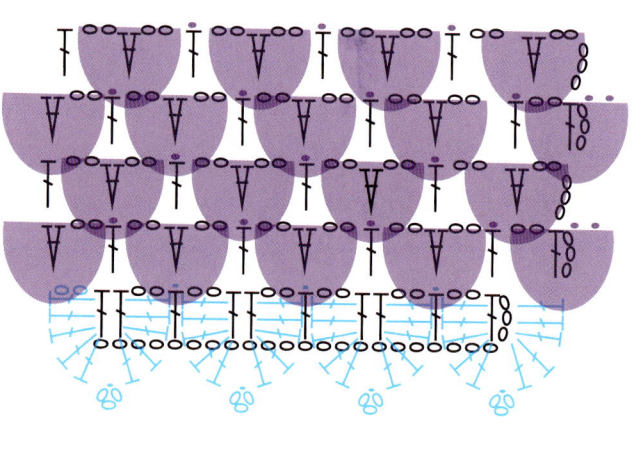

배 깃털

크로커다일 뜨기

① 1길긴뜨기까지 뜨고 바로 걸어서 긴뜨기로 5코, 3코 피코 뜨기, 걸어서 긴뜨기 5코를 해 준다.
② 음영 처리된 크로커다일뜨기는 1단의 반복 표시다.

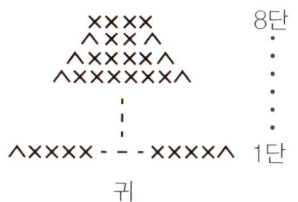

귀

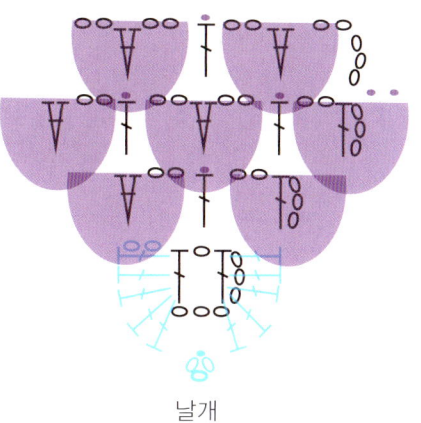

날개

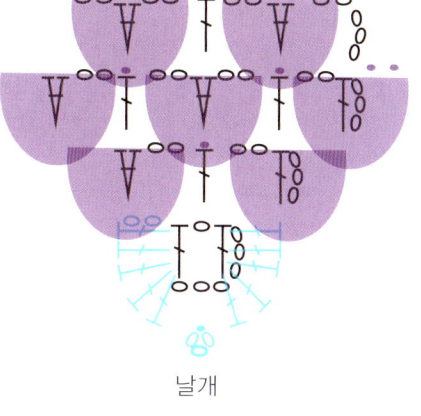

배 깃털

뚜껑 있는 부엉이 휴지통

① 눈은 똑같이 떠서 돗바늘로 몸통에 이어 주고 부리는 아래의 도안을 참고한다.

② 귀는 뚜껑이 몸통을 4등분하여 짧은뜨기로 양쪽으로 코를 줄여가며 8단을 뜨고 되돌아 짧은뜨기로 귀와 몸통 부분을 떠 준다.

③ 날개와 배 깃털을 각각 2장 떠서 이어 준다.

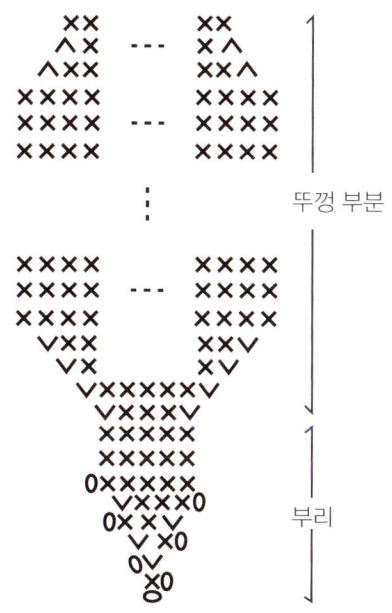

뚜껑 부분

① 작은 휴지통의 경우 뚜껑이 있다면 도안과 같이 부리부터 시작하여 뚜껑을 쭉 떠 준다.

② 눈 모양에 맞춰 사이즈에 맞는 만큼 양쪽에서 코 늘림을 해준다.

③ 늘림이 끝나면 짧은뜨기로 뚜껑 길이만큼 떠 주고 코를 줄여 마무리한다.

④ 완성 후 되돌아 짧은뜨기로 테두리를 둘러 준다.

대상

행운(幸運) – 슬리퍼
고 영 애 광경수다방

사용실과 사용량 : 순면콘사 24합 베이지 1,000g, 브라운 50g, 무색원사 500g
사용 도구 : 모사용 쿠바늘 5/0호
사이즈 : 10cm x 27cm **난이도** : ★ ★ ★ ☆ ☆
작품 사진 : 7쪽

부엉이 실내화

① 사슬뜨기 30코로 시작한다.
② 실내화 윗부분은 1번과 2번 두 종류로 떠 본다.
③ 왼쪽 눈과 오른쪽 눈. 귀. 부리를 만든다.
④ 발판과 실내화 윗부분 테두리는 거꾸로 짧은뜨기로 마무리하고 이어 준다.
⑤ 낚싯줄로 실내화 밑창에 완성품을 꿰매 준다.

뒤꿈치 부분 실내화 발판

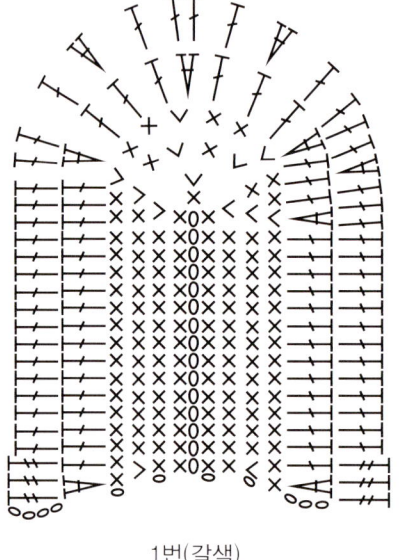

1번(갈색)

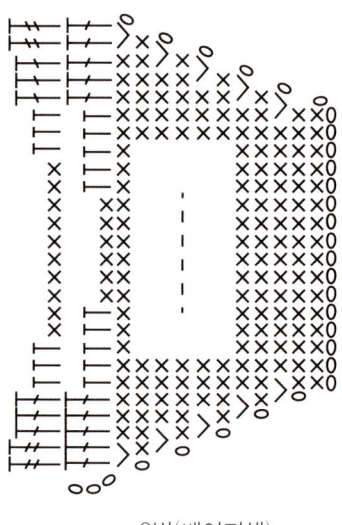

2번(베이지색)

1번으로 뜰 경우 표시된 위치에 걸어서 위 도안을 뜨고 아래의 눈을 2장 떠서 이어 붙인다.

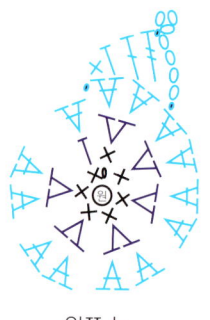

왼쪽 눈

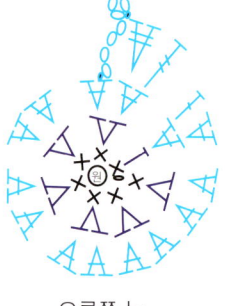

오른쪽 눈

부리

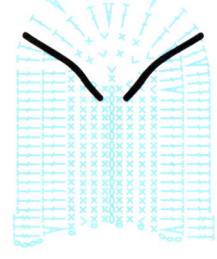

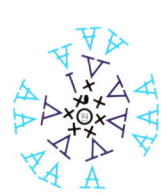

만추(晚秋)

고 영 애

사용실과 사용량 : 순면콘사 24합 베이지 1,000g, 브라운 2,500g, 무색원사 1,000g
사용 도구 : 대바늘 5.5mm, 모사용 코바늘 6/0호
부자재 : 돗바늘   **사이즈** : 150cm x 150cm
난이도 : ★ ★ ☆ ☆ ☆   **작품 사진** : 8쪽

몸판뜨기

① 실 2겹으로 5.5mm 대바늘을 사용하여 감아코로 5코를 만들어 메리야스 무늬로 뜬다.

② 전체적으로 바구니뜨기로 진행된다.

③ ① 5코 7단
   ② 7코 10단
   ③ 10코 14단
   ④ 14코 18단
   ⑤ 18코 26단
   ⑥ 26코 34단
   ⑦ 34코 50단

④ ⑧은 코막음을 하면서 원형을 만들어 간다.
   3 - 2 - 1
   2 - 2 - 1
   2 - 2 - 1
   3 - 2 - 3) x 3
   2 - 2 - 1
   3 - 2 - 2
   4 - 2 - 1
   (단) (코) (번)

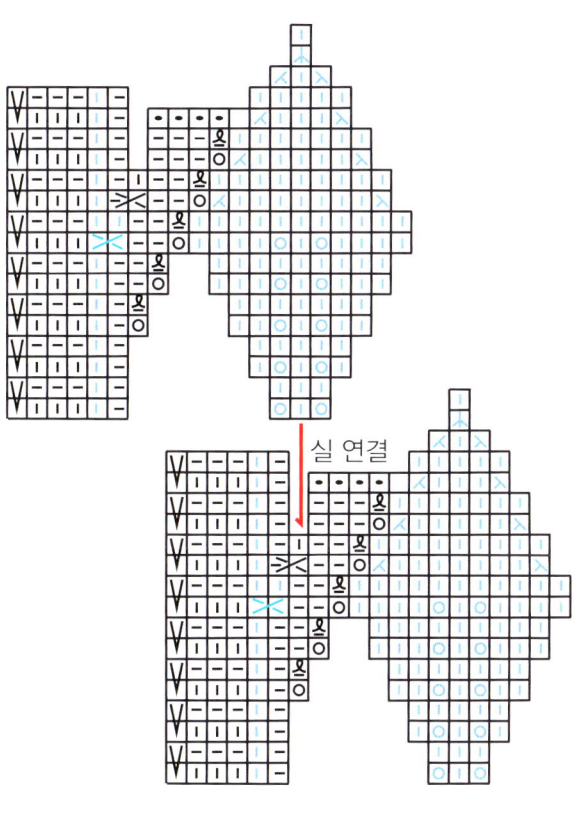

실 연결

테두리

① 가장자리는 따로 떠서 붙여준다(잎사귀 1개당 실 350cm를 잘라서 빨간 화살표 부분에 연결해서 떠준다).

② 잎사귀 47개를 완성하고 되돌아 짧은뜨기로 마무리한다.

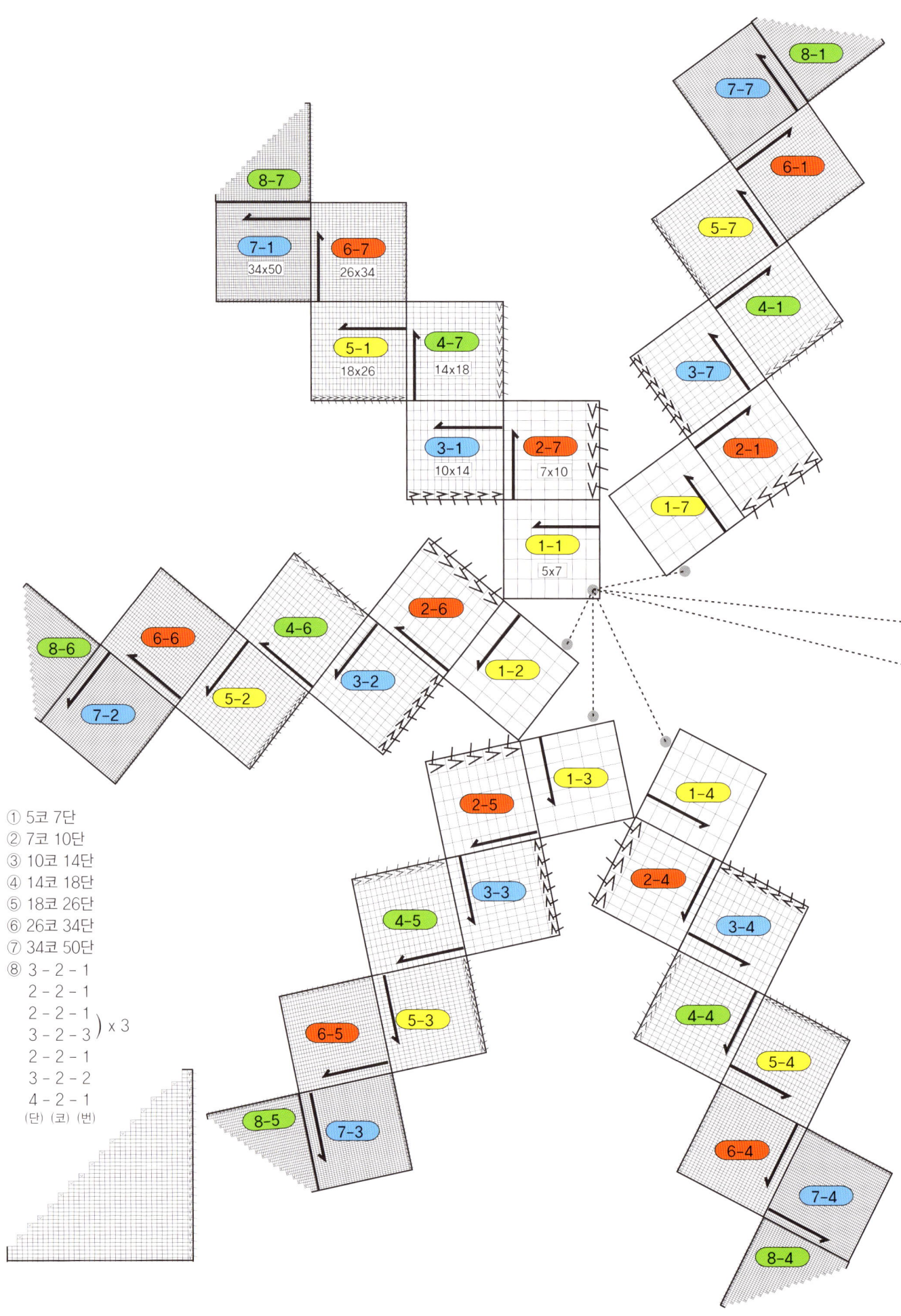

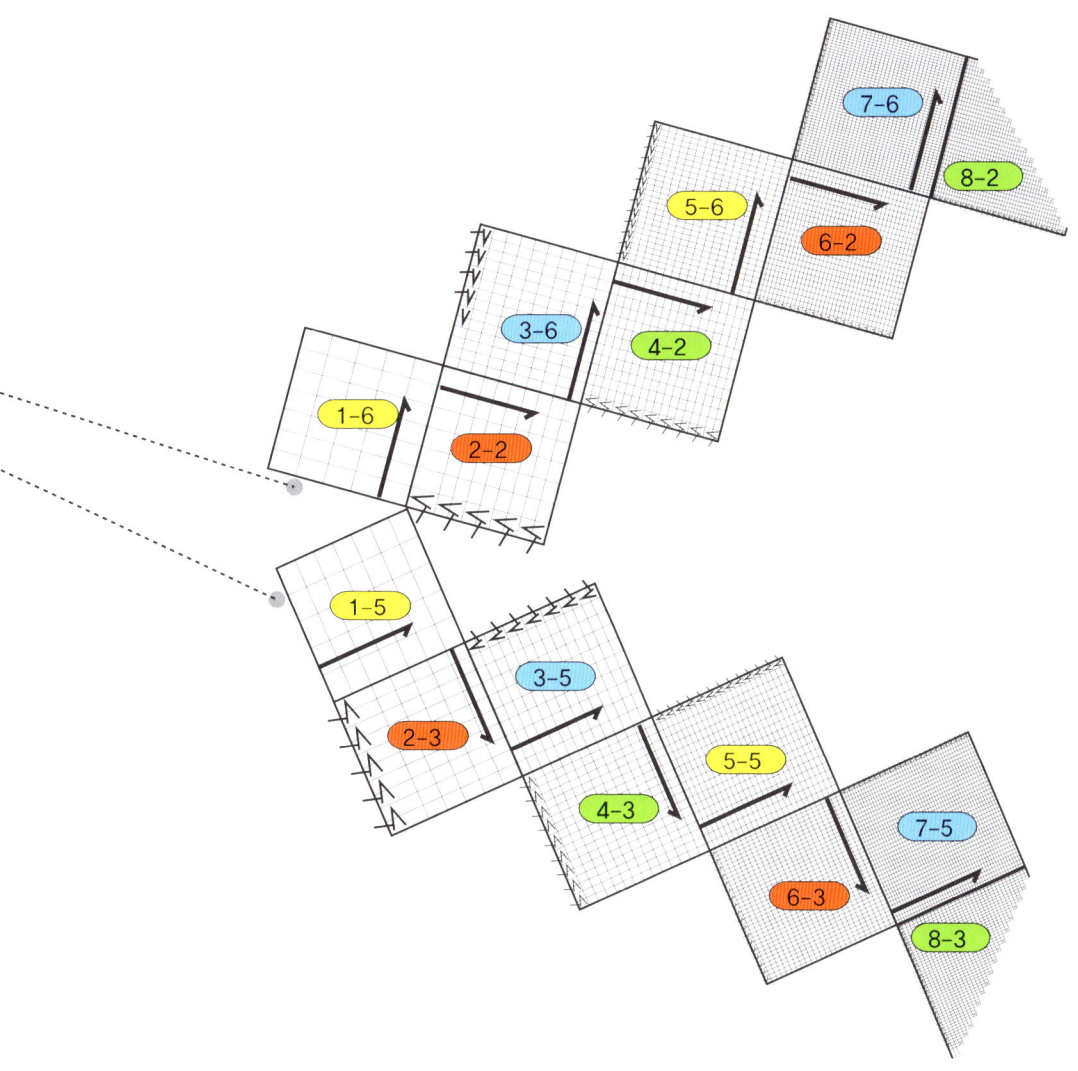

특별상

북유럽풍 청어 매트
김현심

사용실과 사용량 : 순면콘사 24합 흰색 340g, 파란색 270g, 검은색 면사 약간
사용 도구 : 대바늘 4.5mm
부자재 : 5온스 압축 솜 70cm x 45cm, 원단 72cm x 47cm, 청어 눈알 8mm 7개
사이즈 : 70cm x 45cm **난이도** : ★ ★ ★ ☆ ☆ **작품 사진** : 9쪽

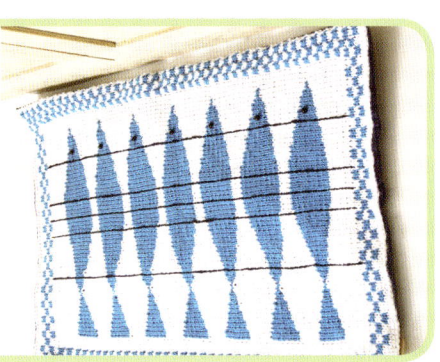

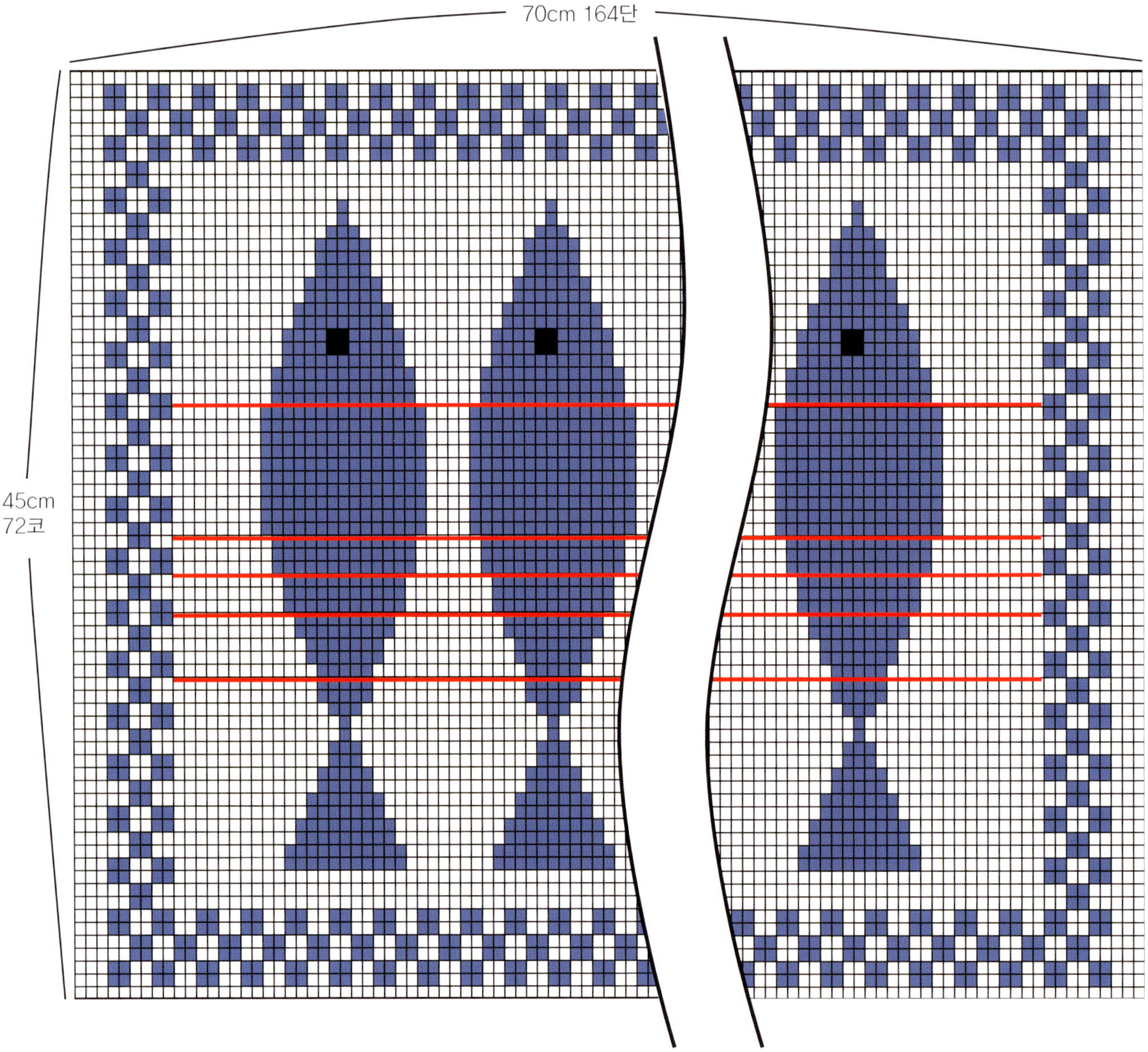

① 흰색 순면콘사를 이용해 일반 코잡기로 72코를 만들어서 메리야스뜨기 3단을 떠 준다.
② 양 끝에 흰색으로 1코씩 떠 준다.
③ 청어와 청어 사이는 4단을 비워 주고 청어가 7마리가 될 때까지 뜬다.
③ 처음 바둑무늬와 청어 사이는 9단. 마지막 청어와 바둑 무늬 사이는 8단을 띄어 준다.
④ 눈 부분은 파란색 실로 뜨고 인형 눈을 달아 준다.
⑤ 검은색 실로 도안의 빨간 부분을 수놓아 준다.
⑥ 원단으로 바닥 부분을 만들어 주고 안에 솜을 넣고 가장자리를 이어 준다.

꿈(아기 이불)

김현옥

사용실과 사용량 : 빈센트 3p 베이지 60g 4볼 + 핑크 2볼 + 블루 3볼, 스카이 블루 3볼, 엘리스 블루 1볼
사용 도구 : 모사용 5/0호
사이즈 : 92cm x 102cm **난이도** : ★ ★ ★ ☆ ☆
작품 사진 : 10쪽

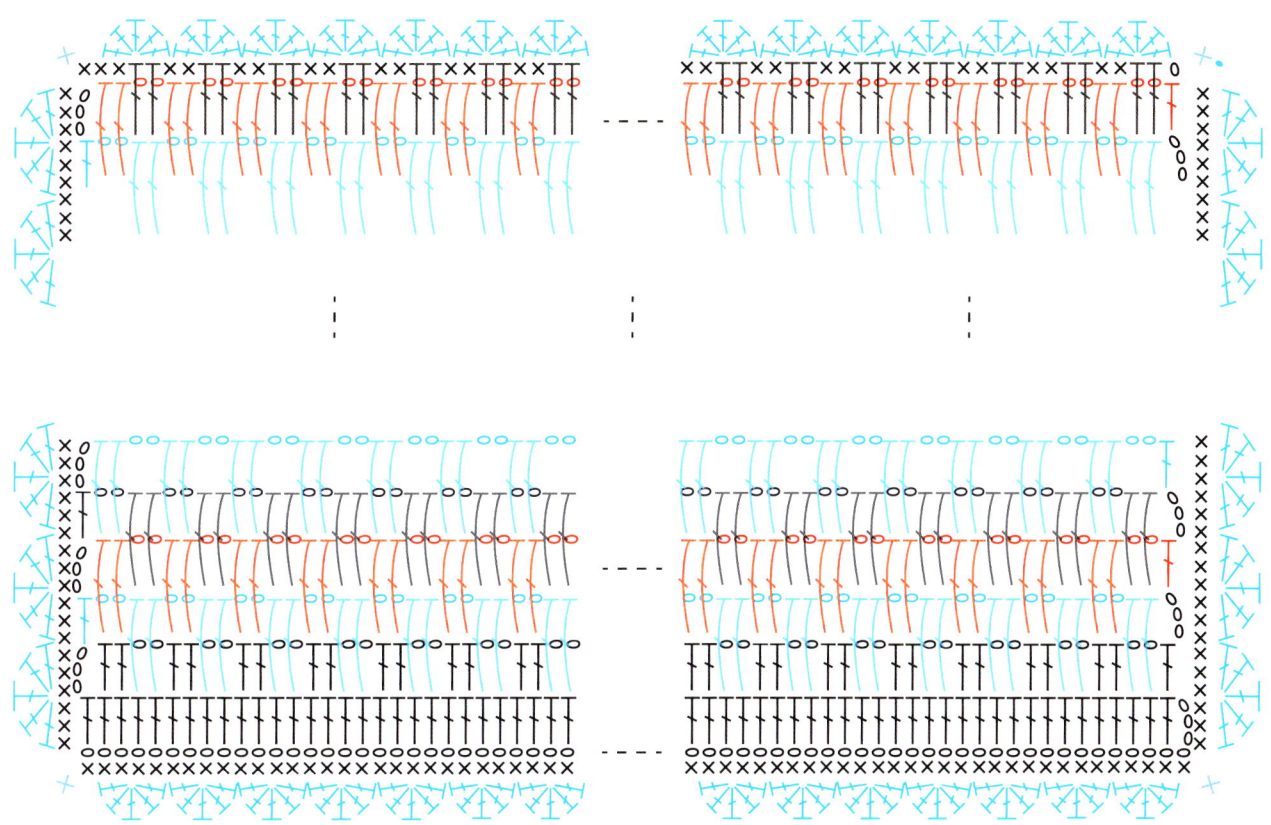

① 사슬뜨기 208코를 잡아서 1길긴뜨기로 1단 뜬다.
② 2번째 단은 '1길긴뜨기 2코, 사슬 2코'를 반복해서 뜬다.
③ 사슬뜨기 3코로 기둥코를 세우고 1길긴뜨기를 1번째 단 머리에 해 주면서 코가 길어지도록 한다.
④ 4가지 색을 줄무늬가 되도록 순서대로 배색하여 총 72단을 뜬다.
⑤ 마지막 단은 바로 전 단의 머리에 짧은뜨기를 하여 길이를 맞춰 준다.
⑥ 전체를 짧은뜨기로 1단 뜨고 무늬뜨기로 1단으로 마무리한다.

오손도손(카펫)

김현옥

사용실과 사용량 : 순면콘사 24합 2,200g, 흰색 약간
사용 도구 : 모사용 코바늘 5/0호
사이즈 : 100cm x 150cm
난이도 : ★ ★ ★ ☆ ☆ **작품 사진** : 11쪽

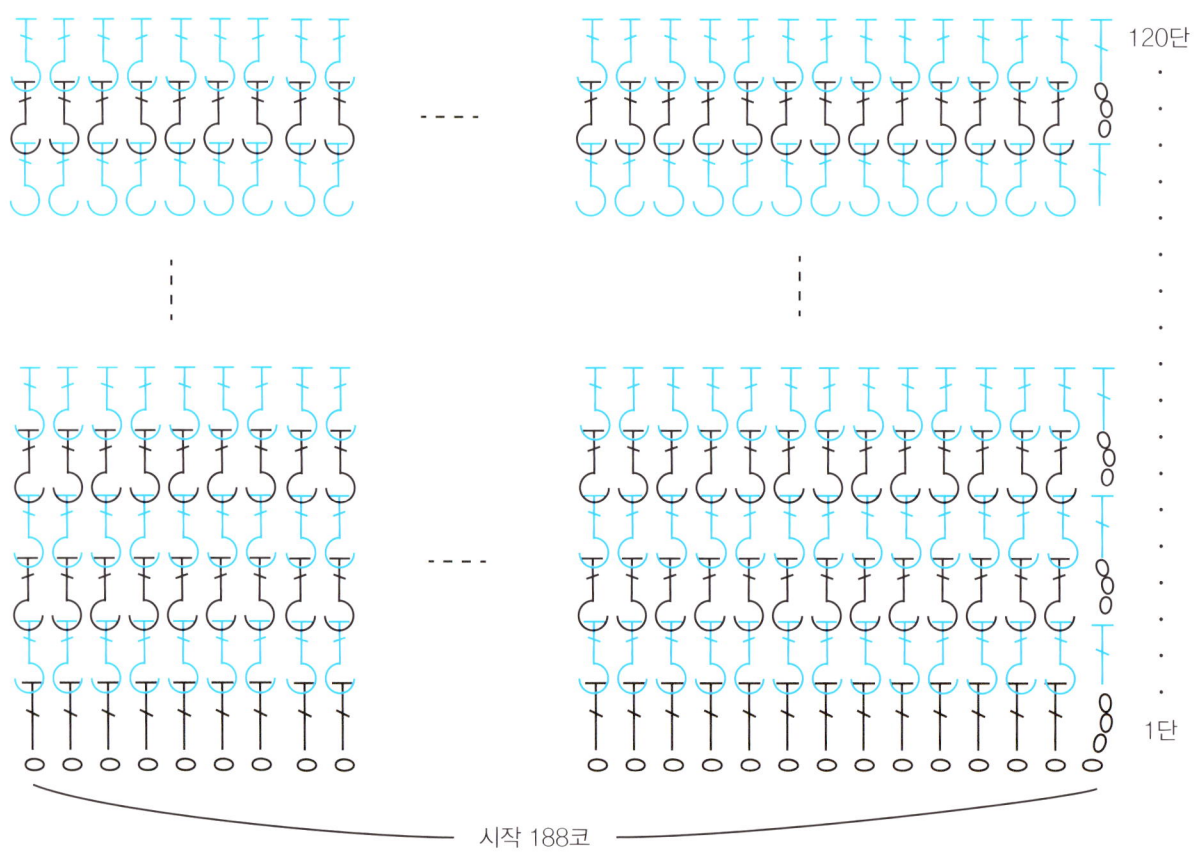

① 사슬뜨기 188코로 시작하여 기둥코를 세워 1길긴뜨기로 뜬다.
② 위와 같은 무늬의 반복으로 120단 뜬다.

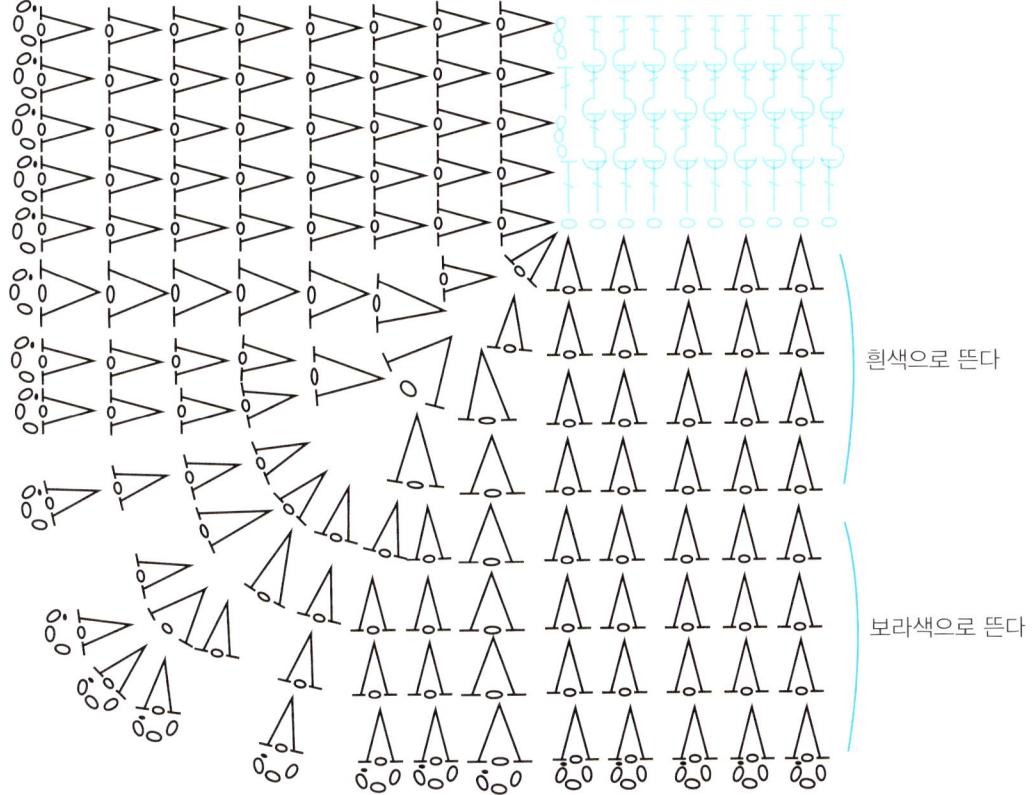

테두리

① 1코에 긴뜨기. 사슬 하나. 긴뜨기를 기본으로 떠 준다.
② 세로는 1단에 1무늬꼴로. 가로는 2코에 1무늬꼴로 떠 준다.
③ 사슬코에서만 코늘림을 한다.
④ 모서리에서는 사슬코에서 늘림. 또는 긴뜨기와 긴뜨기 사이에서 늘림을 해 준다.

 1 무늬

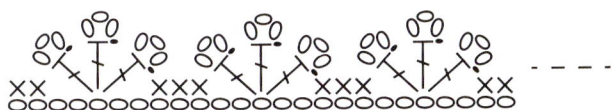

꽃 장식

① 짧은 장식은 사슬뜨기 50코로 시작하여 6개의 장식이 나오도록 떠 준다.
② 긴 장식은 사슬뜨기 82코로 시작하여 10개의 장식이 나오도록 떠 준다.

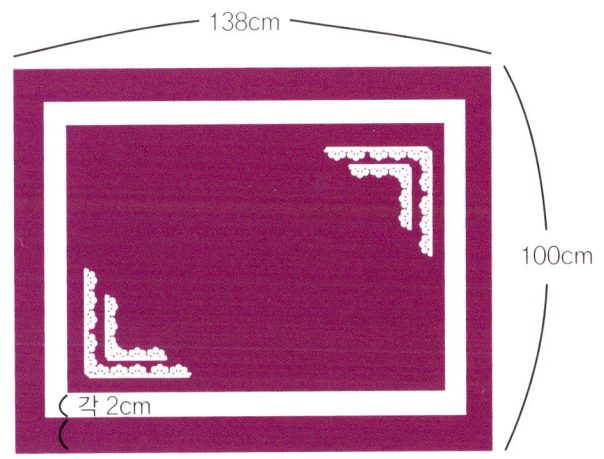

꽃 장식은 그림과 같이 본판 위에 이어 준다.

하얀 접시꽃

김현옥

사용실과 사용량 : 마사 400g
사용 도구 : 레이스 코바늘 2호
사이즈 : 100cm x 150cm **난이도** : ★ ★ ★ ☆ ☆
작품 사진 : 12쪽

모티브 뜨기

① 사슬뜨기 8코로 원을 만들어 시작한다.
② 모티브 28개를 만든다.
③ 새로운 모티브를 뜰 때 9번째 단에서의 사슬 3코 대신 사슬 1개. 짧은뜨기로 완성된 모티브에 걸어 뜨고 사슬뜨기1개를 뜨면서 이어 준다.
④ 28개를 이어 준다. 4x7
⑤ 테두리를 떠 준다.

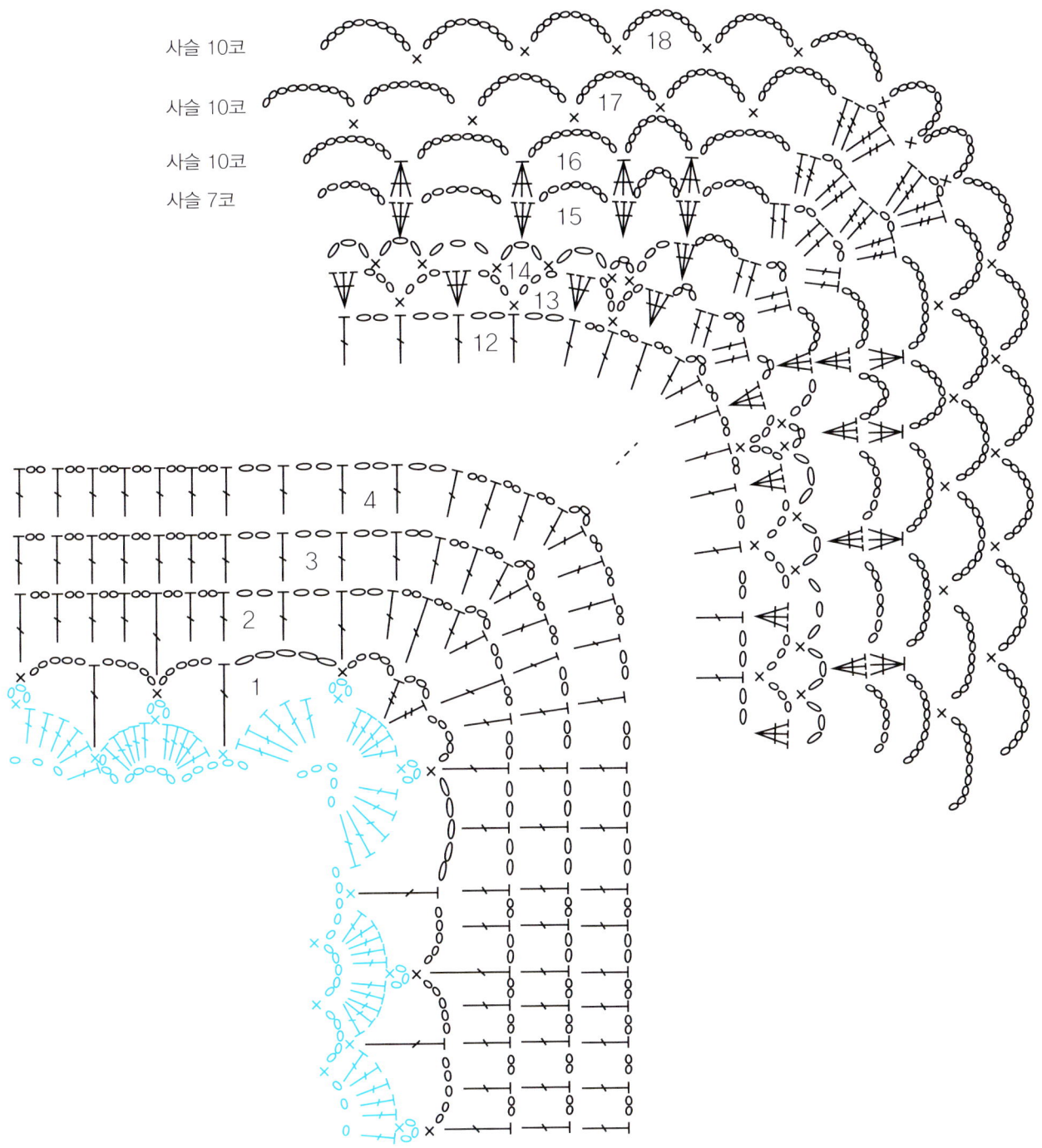

테두리 무늬 뜨기

① 2~12단까지는 똑같은 무늬로 뜬다.
② 18단까지 도안과 같이 뜬다.

특별상

곰순이 목베개
김미정 챙이

사용실과 사용량 : 빈센트 칵테일 진노란색 1볼, 연노란색 1/2볼, 밤색 약간
사용 도구 : 모사용 코바늘 5/0호
부자재 : 솜, 돗바늘 **사이즈** : 26cm x 31cm(게이지 : 27코 x 30단)
난이도 : ★ ★ ☆ ☆ ☆ **작품 사진** : 13쪽

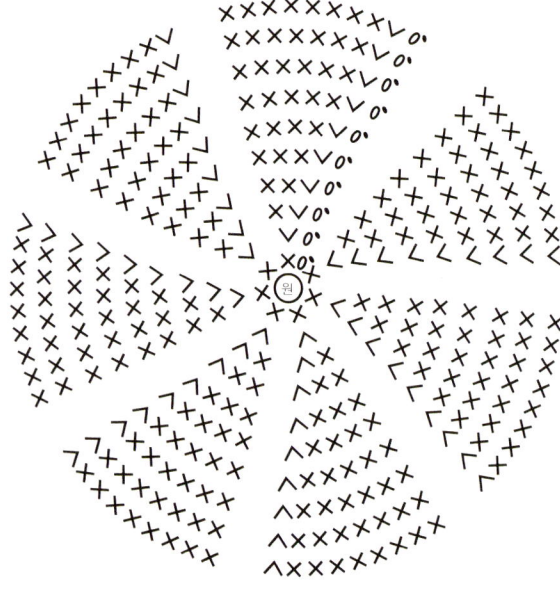

몸판

① 1~10단 : 연노란색 실로 도안처럼 70코가 되도록 원형뜨기로 뜬다.

② 11~25단 : 계속해서 연노란색 실로 70코를 늘림 없이 원형뜨기로 뜬다.

③ 26~50단 : 진노란색 실로 바꿔 주고 70코를 2번처럼 늘림 없이 계속 원형뜨기로 뜬다.

④ 51~130단 : 진노란색 실로 아래의 8단을 10회 반복한다. 여기부터 평면뜨기를 한다.

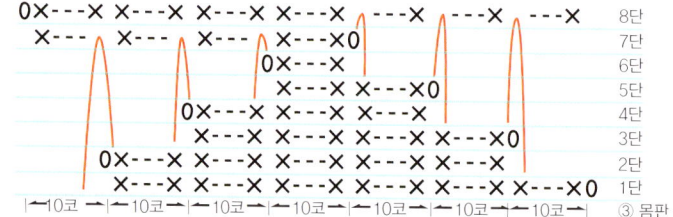

1단 - 기둥 사슬뜨기 1코 + 짧은뜨기 60코. 편물을 돌린다.
2단 - 기둥 사슬뜨기 1코 + 짧은뜨기 50코. 편물을 돌린다.
3단 - 기둥 사슬뜨기 1코 + 짧은뜨기 40코. 편물을 돌린다.
4단 - 기둥 사슬뜨기 1코 + 짧은뜨기 30코. 편물을 돌린다.
5단 - 기둥 사슬뜨기 1코 + 짧은뜨기 20코. 편물을 돌린다.
6단 - 기둥 사슬뜨기 1코 + 짧은뜨기 10코. 편물을 돌린다.
7단 - 기둥 사슬뜨기 1코 + 짧은뜨기 40코. 편물을 돌린다.
   (단차가 나는 곳에서는 단 사이에서 1코를 끌어올려 다음 코와 함께 모아 짧은뜨기를 한다.)
8단 - 기둥 사슬뜨기 1코 + 짧은뜨기 70코. 편물을 돌린다.
   (단 차가 나는 곳에서는 단 사이에서 1코를 끌어올려 다음 코와 함께 모아 짧은뜨기를 한다.)

눈

① 검은색 부분 : 밤색 실로 도안처럼 원형뜨기한다.
② 파란색 부분 : 계속해서 밤색 실로 평면뜨기를 해 준다.
③ 빨간색 부분 : 타원형 둘레를 짧은뜨기로 1단 뜬다.
④ 2장 떠 준다.

⑤ 같은 방법으로 1장을 더 만들어 돗바늘로 빨간색선 부분을 이어준 후. 파란색선 부분으로 솜을 넣어주고 꿰맨다.

코

밤색 실로 원형뜨기한다(총12코).

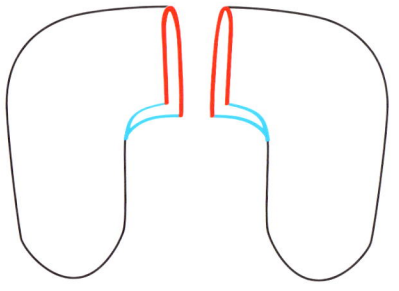

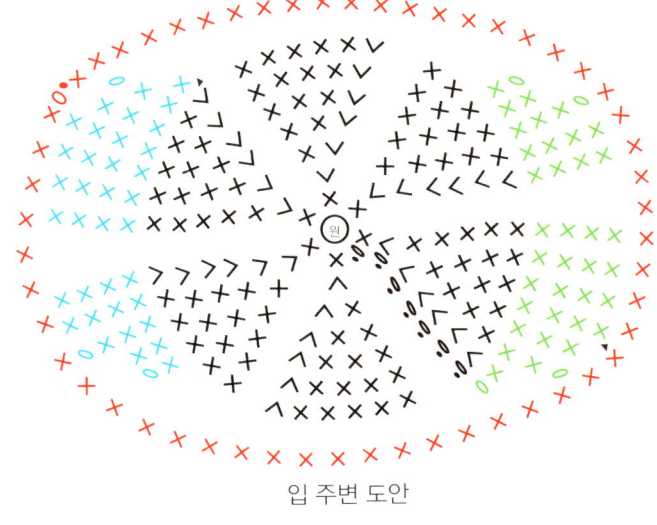

입 주변 도안

입주변

① 1~7단(검은색) : 연노란색 실로 도안처럼 원형뜨기한다(총 42코).
② 초록색 부분 : 계속해서 연노란색 실로 평면뜨기 4단을 뜨고 실을 끊는다.
③ 파란색 부분 : 초록색 부분과 대칭이 되도록 ①에 연노란색실을 연결하여 4단을 뜬다.
④ 빨간색 부분 : 계속해서 연노란색 실을 이용하여 타원형 둘레를 짧은 뜨기로 1단 뜬다(총 54코).

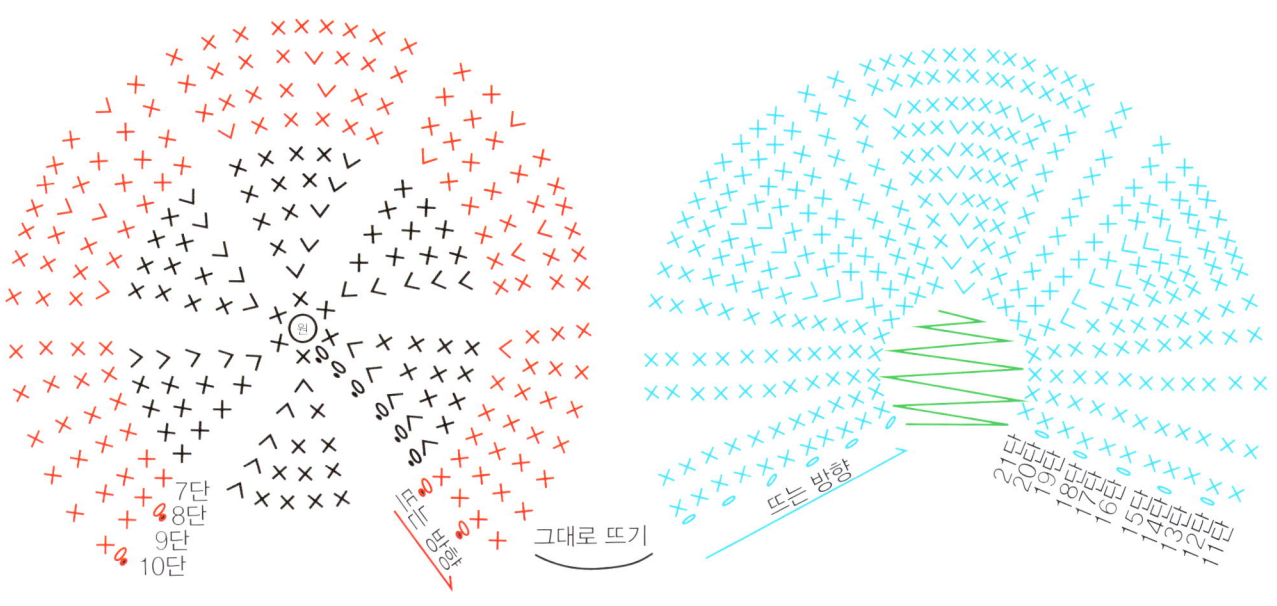

귀

① 1~6단 (검은색) : 연노란색 실로 도안처럼 원형뜨기하고(36코) 실을 끊는다.
② 7~10단 (빨간색) : 진노란색 실을 연결하여 평면뜨기 4단을 코를 늘리며 뜬다(42코).
③ 11~21단 (파란색) : ②에서 그대로 42코를 2단 더 뜬 후. 9단에 걸쳐 코를 줄여 주고(총18코) 실을 끊는다.
④ 초록색 부분 : 마주 보는 코를 바늘로 꿰매 준다.
⑤ 2장 떠 준다.

마무리

① 입 주변 배색을 돗바늘로 붙여 준다.
② 코를 붙여 주고 밤색 실로 입 모양을 덧수로 놓는다.
③ 눈을 붙여 주고 밤색 실로 눈썹 모양을 덧수로 놓는다.
④ 양쪽 귀를 달아 준다.

특별상

꽃잠 이불, 꽃잠 쿠션
김명순

- **사용실과 사용량** : 순면콘사 24합 분홍색, 빨간색, 연두색 500g씩
- **사용 도구** : 모사용 코바늘 5/0호
- **부자재** : 워싱면, 나무구슬, 지퍼 **사이즈** : 쿠션 39cm x 39cm, 이불 142cm x 196cm
- **난이도** : ★★☆☆☆ **작품 사진** : 14쪽

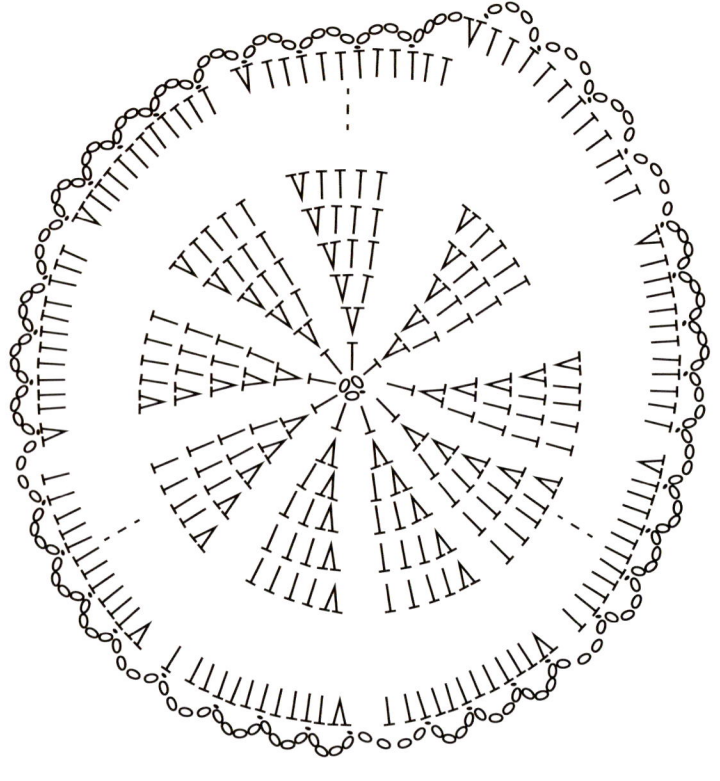

꽃잠

① 사슬뜨기 3코로 원을 만들어 준다.
② 코 세움 없이 긴뜨기로 둘러 준다.
③ 이음 없이 코를 늘려 가면서 나선형 모양으로 떠 준다.
④ 지름이 30cm가 되면 사슬 4코를 떠서 3번째 코에 연결해 준다.
⑤ ④를 반복하여 1바퀴 둘러 준다.

꽃 내부

① 사슬뜨기 4코 3번째 코에 이음을 원판의 안쪽으로 2번째 단에 똑같이 떠 준다.
② 원이 둘러질 때쯤 다시 안쪽으로 2단 들어가서 나선형으로 좁아지도록 뜬다.

꽃잎

사슬뜨기한 곳에 1길긴뜨기 6코를 하여 러플을 만들어 준다.

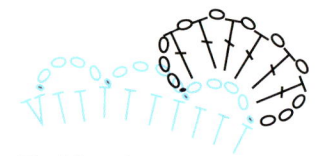

모든 사슬뜨기한 곳에 해 준다.

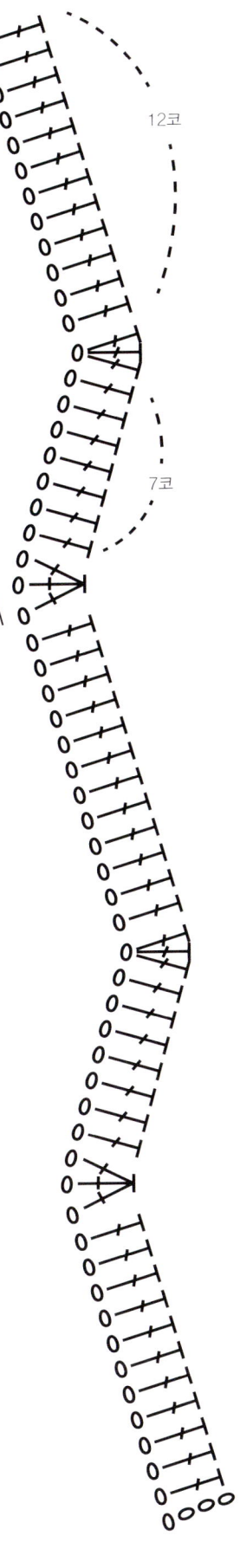

줄기 만들기

① 길이가 77cm가 되도록 사슬뜨기를 해 준다.
② 줄기가 구부러질 때는 사슬 1코에 1길긴뜨기를 3번 해 주거나 3코 한 번에 떠주기를 한다.
③ 도안처럼 떠 준 뒤 길이가 다른 5개의 줄기를 만든다(66cm, 64cm, 55cm, 45cm, 40cm).

나뭇잎 만들기

① 도안과 같이 뜨고 테두리는 짧은뜨기로 둘러 마무리한다.
② 나뭇잎 17장을 만든다.

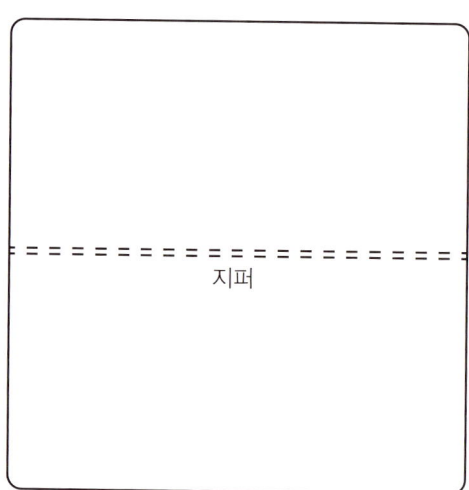

지퍼

쿠션

① 워싱면으로 사이즈 39cm x 39cm 쿠션을 만든다.
② 꽃 1개와 나뭇잎 3장을 붙여 준다.

이불

① 워싱면 2겹으로 사이즈 142cm x 196cm 이불을 만든다.
② 꽃 6개와 줄기 6개, 나뭇잎 17개를 붙여 준다.

특별상

주방용품 세트
장임순

- **사용실과 사용량** : 순면콘사 24합 분홍색 500g
- **사용 도구** : 모사용 코바늘 6/0호 **부자재** : 실
- **사이즈** : 티매트 11cm x 10.5cm, 냄비받침 15cm x 12cm, 주방장갑 18cm x 21cm
- **난이도** : ★ ★ ★ ☆ ☆   **작품 사진** : 15쪽

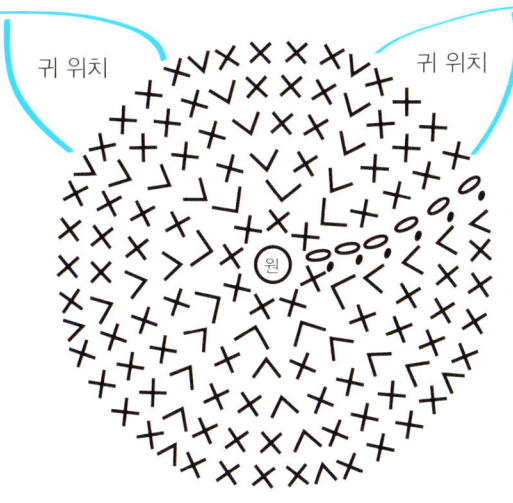

얼굴

돼지 얼굴 티 매트

① 얼굴 1장과 귀 2장을 만든 후 이어준다.
② 검은색 수실로 눈과 입을 만들고 하얀색 수실로 코를 만들어 준다.
③ 완성은 약간의 팔각형 모양이 된다.

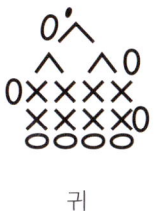

귀

냄비받침

① 몸통. 꼬리. 귀. 다리를 만든 뒤 이어 준다.
② 티 매트와 마찬가지로 얼굴을 만들어 준다.

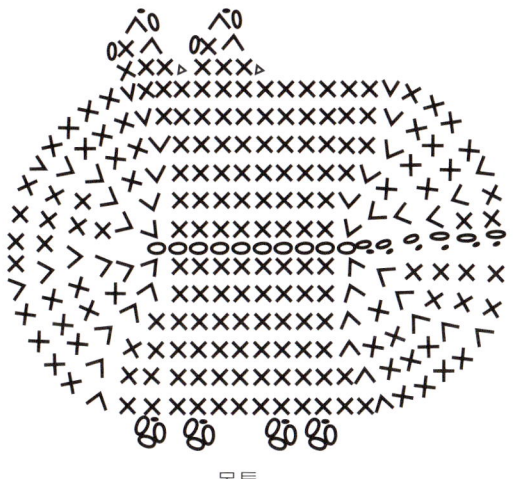

몸통

꼬리

돼지 모양 주방 장갑

① 장갑 부분은 18단까지 뜨고 엄지손가락 부분은 8단까지 떠준 후 이어서 뜬다.
② 귀는 2장 떠 준 후 이어 주고 얼굴을 수놓아 준다.

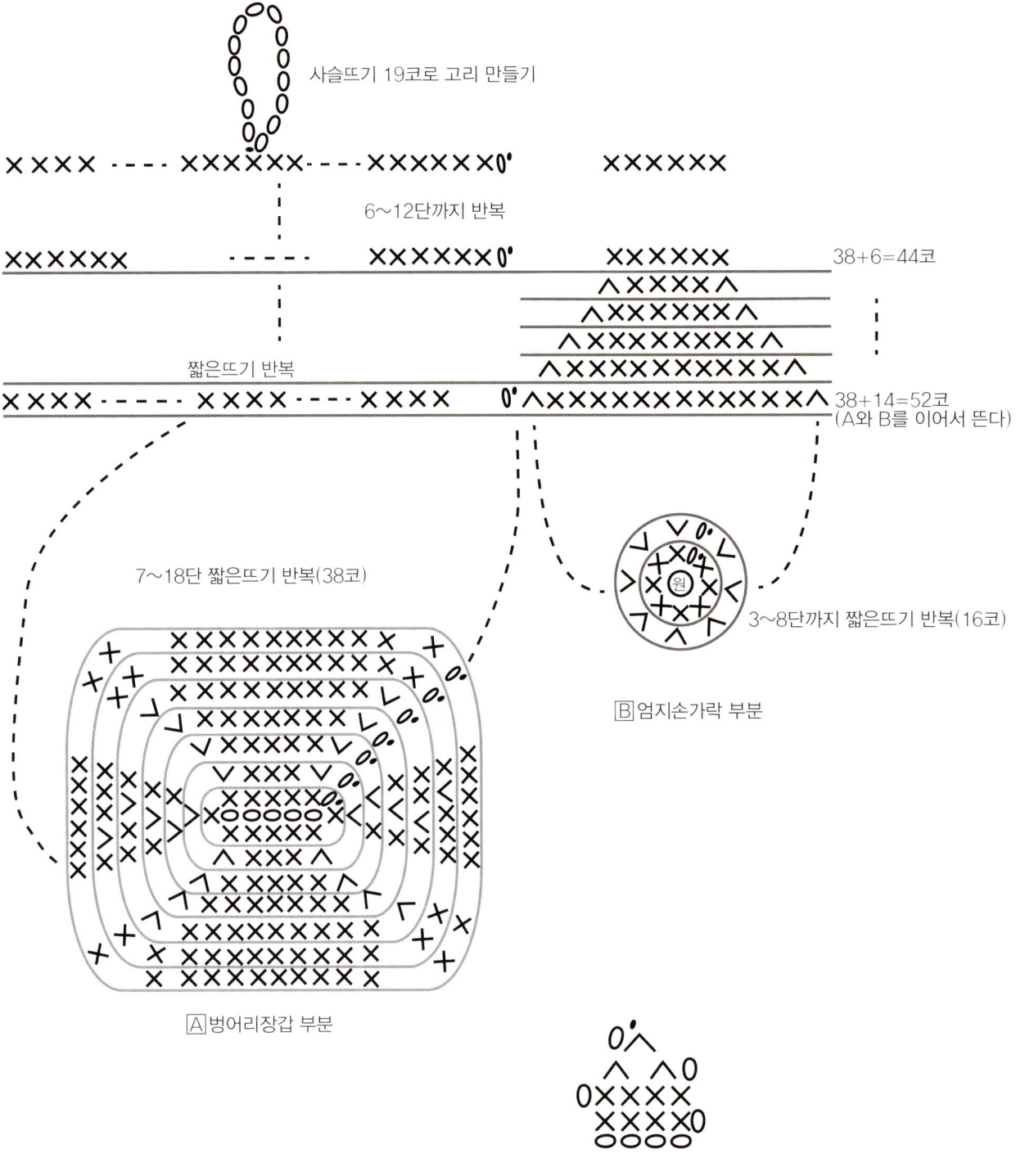

남상

Knittey의 북유럽 여행(베드스프레드)
박영화

사용실과 사용량 : 울노바 10p 진회색 80g x 14볼, 마른장미 80g x 12볼, 붉은자주 80g x 8볼, 베이지 80g x 7볼, 블루그레이 80g x 2볼, 그린 80g x 2볼
사용 도구 : 대바늘 6mm, 6mm 장갑바늘 혹은 40cm 줄바늘, 모사용 코바늘 8/0호
사이즈 : 190cm x 260cm **난이도** : ★ ★ ★ ★ ☆ **작품 사진** : 16쪽

모티브 A

① 모티브 A는 모티브 B와 같게 뜨되 무늬가 없고 B나 C와는 다르게 원통으로 뜨지 않는다.
A는 6색을 각각 다른 색상으로 뜨기 때문에 매 단 실을 이어야 하는 불편함이 있기 때문이다.
② 각 색상별 콧수는 25코이지만 처음 시작과 마지막 색상은 26코를 떠 준다(시접코).
③ 가운데 A에는 하트 A를 각각의 색상으로 따로 떠서 색상 대비가 되도록 붙여 준다.
나머지 A에는 하트 B를 떠서 가타뜨기 색상과 대칭이 되도록
각 모티브의 중심에 붙여 준다.

> **A무늬** : 6색(6색을 따로 떠서 연결하기)
> **B무늬** : 바탕색-베이지색, 배색-마른장미색
> **C무늬** : 바탕색-진회색, 배색-붉은자주색

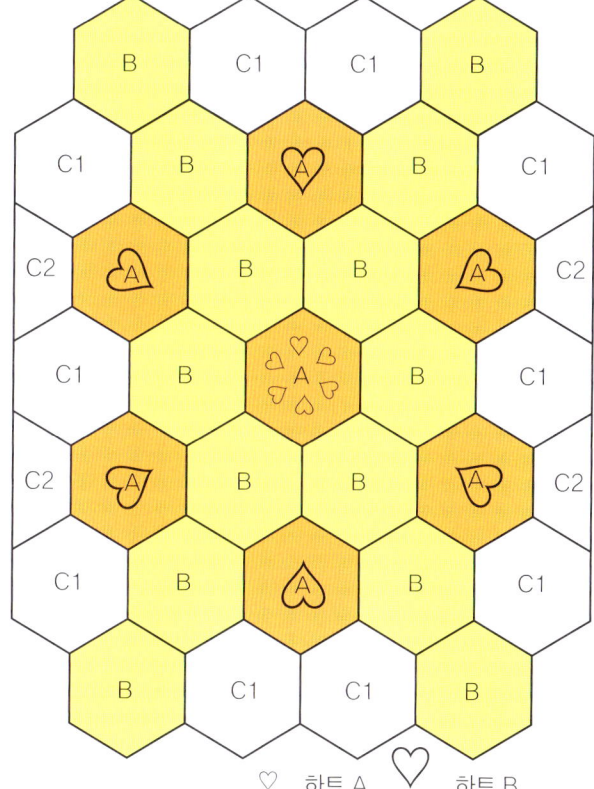

♡ 하트 A ♥ 하트 B

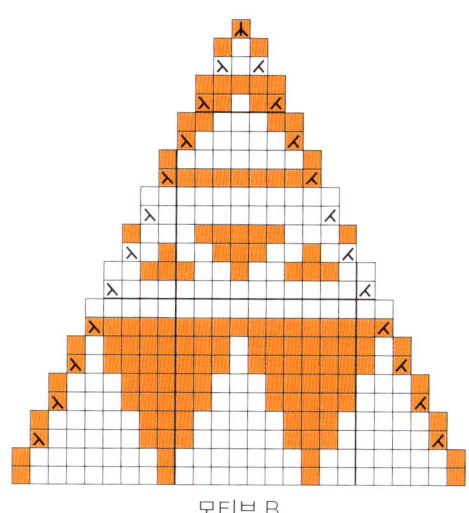

모티브 B

	왼코 겹치기
	오른코 겹치기
	3코모아뜨기
	바탕색
■	배색

모티브 B

① 150코를 잡아 원통으로 이어서 차트대로 뜬다.

모티브 C

① C1 : 150코를 잡아서 차트대로 뜬다.
② C2 : 77코를 잡아서 양쪽 2코는 시접코로 하고 차트를 3무늬만 떠준다(원통으로 뜨지 않는다).

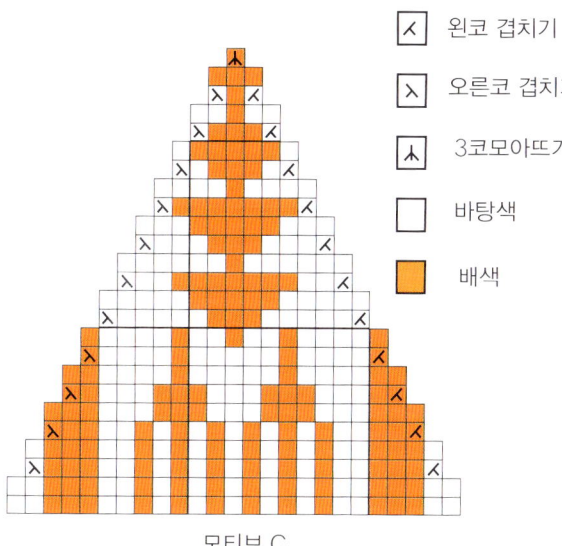

모티브 C

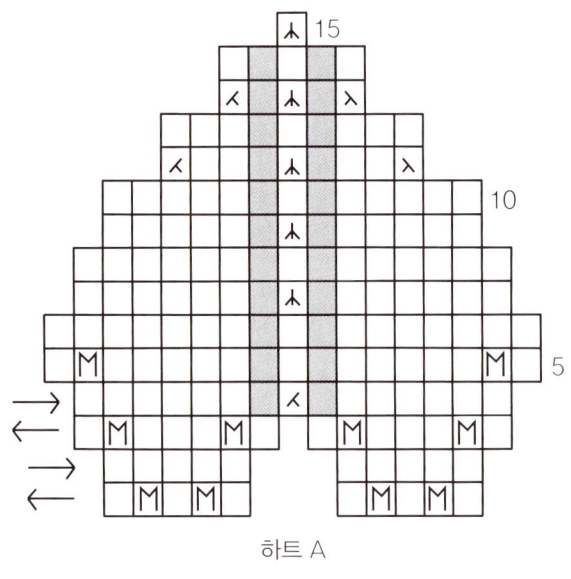

하트 A
감아코 3코로 시작

하트 A, B

① 모든 색상의 실로 1장씩 뜬다.
② 모티브 A색실에 맞춰 붙여 준다(모티브 A의 설명 ③ 참조).

모티브 잇기

① 모티브를 마무리할 때는 실을 길게 남겨 두는 것이 좋다. 길게 남기면 모티브를 이을 때 편리하다.
② 따로따로 떠 두고 나중에 이어도 좋고 하나씩 완성할 때마다 이어도 무방하다.

테두리 뜨기

① 짧은뜨기를 2단 돌려 준 후 되돌아 짧은뜨기로 마무리한다.

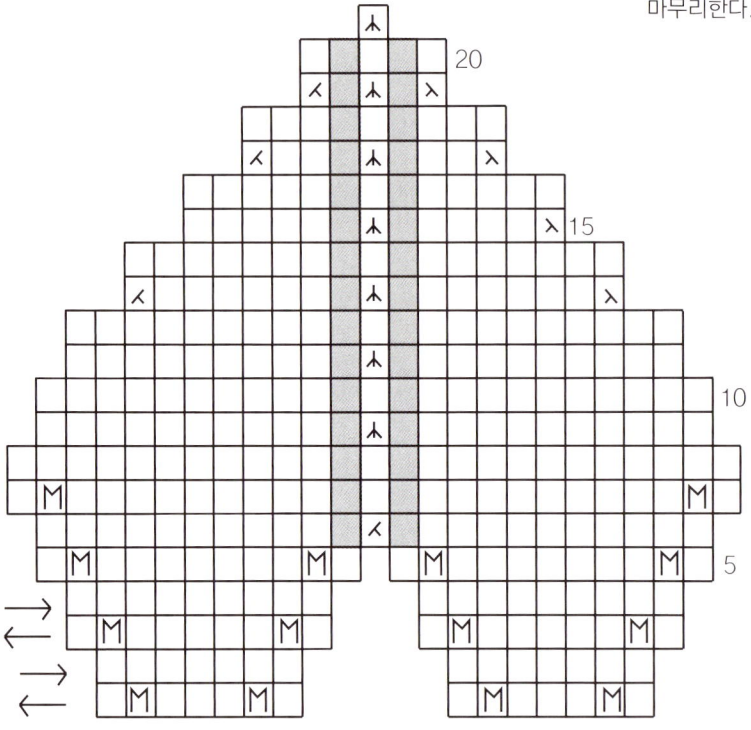

하트 B
감아코 5코로 시작

⋋	왼코 겹치기
⋌	오른코겹치기
⋏	3코모아뜨기
M	1코만들기
▨	없는 코

나인

김영숙

사용실과 사용량 : 스타킹 오렌지 믹스 3팩, 퍼플 믹스 3팩, 옐로 믹스 1팩, 블루 믹스 1팩,
레드 믹스 2팩, 카키 믹스 2팩, 블랙 믹스 2팩, 아이보리 믹스 6팩

사용 도구 : 모사용 코바늘 10/0호 **사이즈** : 200cm × 200cm

난이도 : ★★★☆☆ **작품 사진** : 17쪽

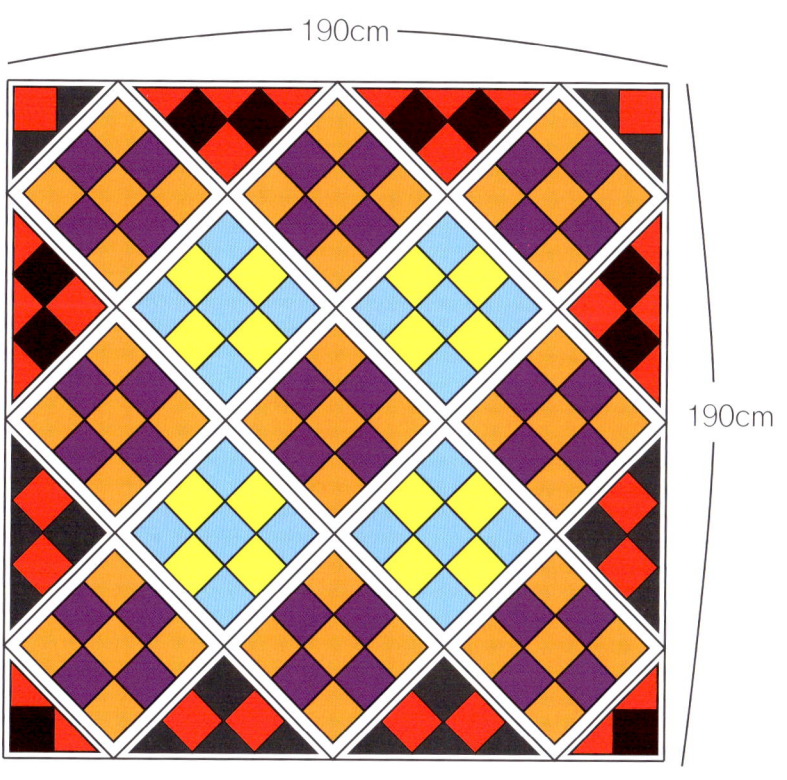

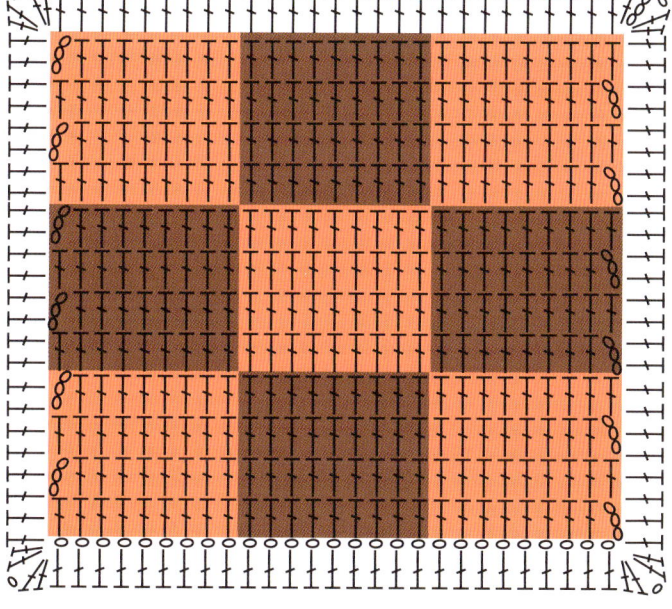

도안 A

① 각 색깔은 9코 1길긴뜨기로 떠 준다.

② 도안대로 다 뜨면 테두리는 아이보리 색상으로 1변마다 29코가 되도록 떠 준다.

③ 주황-보라는 9장, 노랑-파랑은 4장 뜬다.

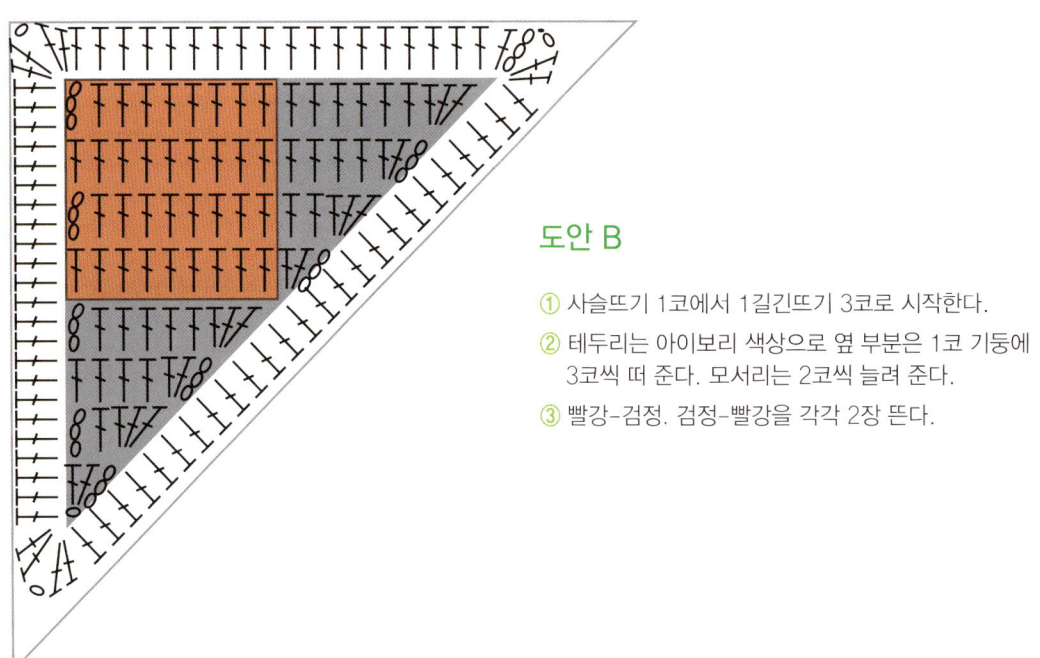

도안 B

① 사슬뜨기 1코에서 1길긴뜨기 3코로 시작한다.
② 테두리는 아이보리 색상으로 옆 부분은 1코 기둥에 3코씩 떠 준다. 모서리는 2코씩 늘려 준다.
③ 빨강-검정. 검정-빨강을 각각 2장 뜬다.

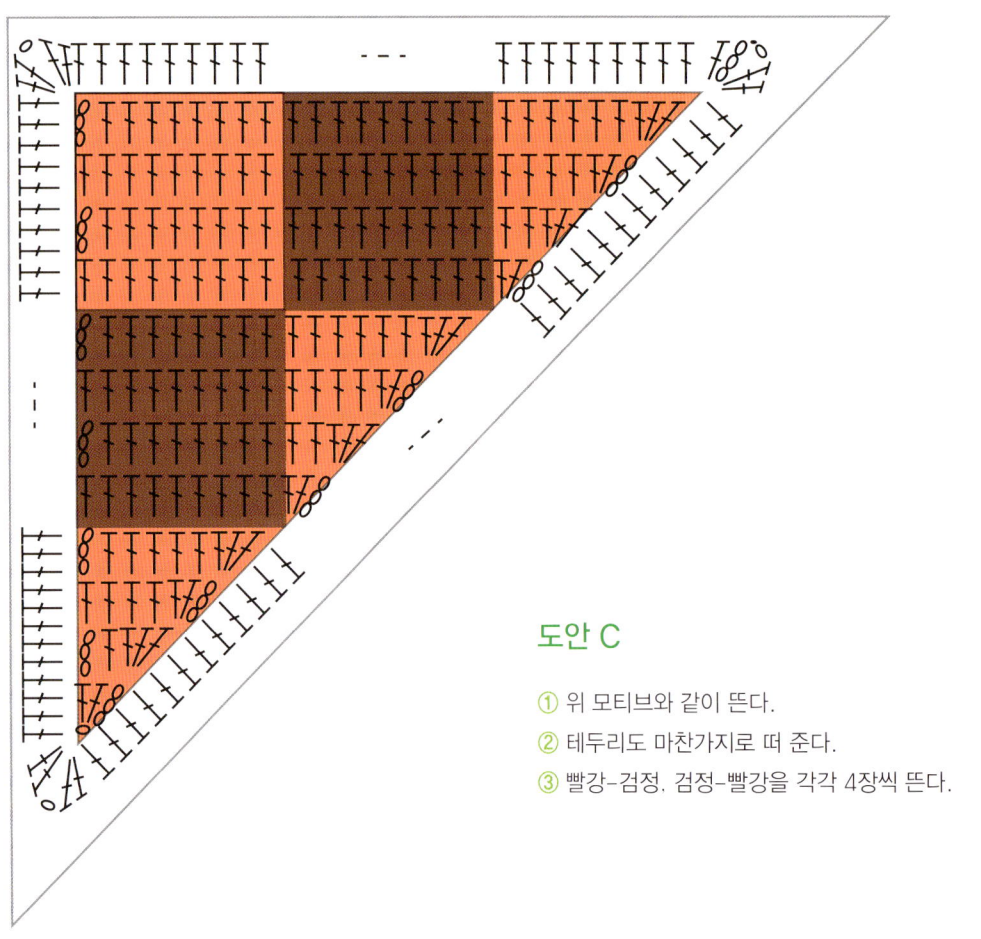

도안 C

① 위 모티브와 같이 뜬다.
② 테두리도 마찬가지로 떠 준다.
③ 빨강-검정. 검정-빨강을 각각 4장씩 뜬다.

테두리

① 긴뜨기 위에 짧은뜨기. 사슬뜨기 3코. 짧은뜨기를 뜬다.

② 기둥코와 짧은뜨기 사이에 긴뜨기를 걸어 뜬다.

③ 그 상태로 사슬 3코. 짧은뜨기를 해 준다.

④ 앞에 있는 짧은뜨기에 걸어 긴뜨기를 뜬다.

⑤ 다 둘러 주면 2번째 단을 뜨는데 짧은뜨기. 사슬 3코. 아랫단의 짧은 뜨기 위치에 짧은뜨기를 뜬다.

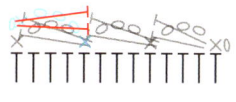
⑥ ②와 같이 긴뜨기를 짧은뜨기에 걸어 뜬다.

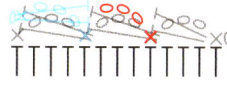
⑦ 다시 사슬 3코. 아랫단의 짧은뜨기 위치에 짧은뜨기를 한다.

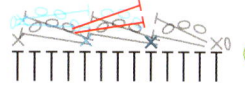
⑧ 아랫단의 사슬코에 걸어 긴뜨기를 뜨고 모양을 잡아 준다. 전체를 둘러 완성한다.

금상

자동차 매트
배 수 정

사용실과 사용량 : 순면콘사 18합 파란색 450g, 흰색 900g, 베이지색 450g, 검은색 450g
사용 도구 : 모사용 코바늘 3/0호, 5/0호
사이즈 : 145cm x 100cm
난이도 : ★ ★ ☆ ☆ **작품 사진** : 18쪽

뜨는 법

① 흰색 실로 211코를 잡아 1길긴뜨기로 7단(10cm)을 뜬다.

② 파란색 실로 이어서 22단까지 떠 주고 실을 끊어 준다.

③ 끝에서 20코 안쪽으로 실을 이어서 떠 주고 양 끝에 20코를 남기고 10단 떠 준다(171코).

④ 흰색으로 이어서 9단을 떠 준다.

⑤ 시작과 끝 부분에서 코를 줄이는데 홀수단+22. 23단은 1코씩. 짝수단(20단까지)은 2코씩 줄여 준다(13단은 2코씩+10단은 4코씩=총 66코를 줄인다). 105코가 된다.

⑥ 흰색 실로 220코를 만들어 6단 1길긴뜨기 해주고 7번째 단은 양쪽에서 1코씩 2코. 8단째는 4코. 9단째는 2코 줄이고 4단을 떠서 몸통에 시침질해 준다.

⑦ 헤드라이트와 바퀴는 기초 원형뜨기로 1길긴뜨기 12코로 시작하여 이랑뜨기로 24코. 36코…84코가 되도록 7단 떠 준다.

⑧ 테두리는 파란색 실로 짧은뜨기로 2단 둘러 준다.

화려한 외출

배 수 징

사용실과 사용량 : 아크릴사 자주색, 주황색, 초록색, 체리색, 청보라색, 회색, 파란색, 청록색, 머스터드색, 백색, 오렌지색 각 80g과 검은색 약간

사용 도구 : 대바늘 4.5mm **부자재** : 가죽 손잡이, 안감 **사이즈** : 30cm x 23cm

난이도 : ★ ★ ★ ☆ ☆ **작품 사진** : 19쪽

코를 주워서 도미노처럼 3코모아뜨기 3번이 되도록 검은색 실로 뜬다.

뜨는 법

① 19코로 시작하여 가터뜨기로 2번째 단부터 3코모아뜨기로 뜬다(도미노뜨기).
② 2단마다 중심 부분을 줄여 주면서 1코가 될 때까지 뜬다(원하는 색상으로 40장).
③ 색들이 겹치지 않도록 이어서 가방 형태를 만들어 준다.
④ 검은색 실로 옆 부분 테두리에서 코를 주워(41코) 도미노뜨기로 3단을 뜬다(양쪽).
⑤ 윗부분도 코를 주워서 3코모아뜨기가 4번 뜨고 1단을 떠주고 코막음을 하여 삼각형을 만들어 준다(4군데).
⑥ 손잡이와 안감을 만들어 마무리한다.

꽃무늬 가방

배 수 정

사용실과 사용량 : 아크릴사 청보라색, 청록색, 머스터드색, 주황색, 체리색, 파란색 각 80g
사용 도구 : 모사용 코바늘 6/0호
부자재 : 손잡이 원형 고리　**사이즈** : 27cm x 15cm
난이도 : ★★★☆☆　**작품 사진** : 20쪽

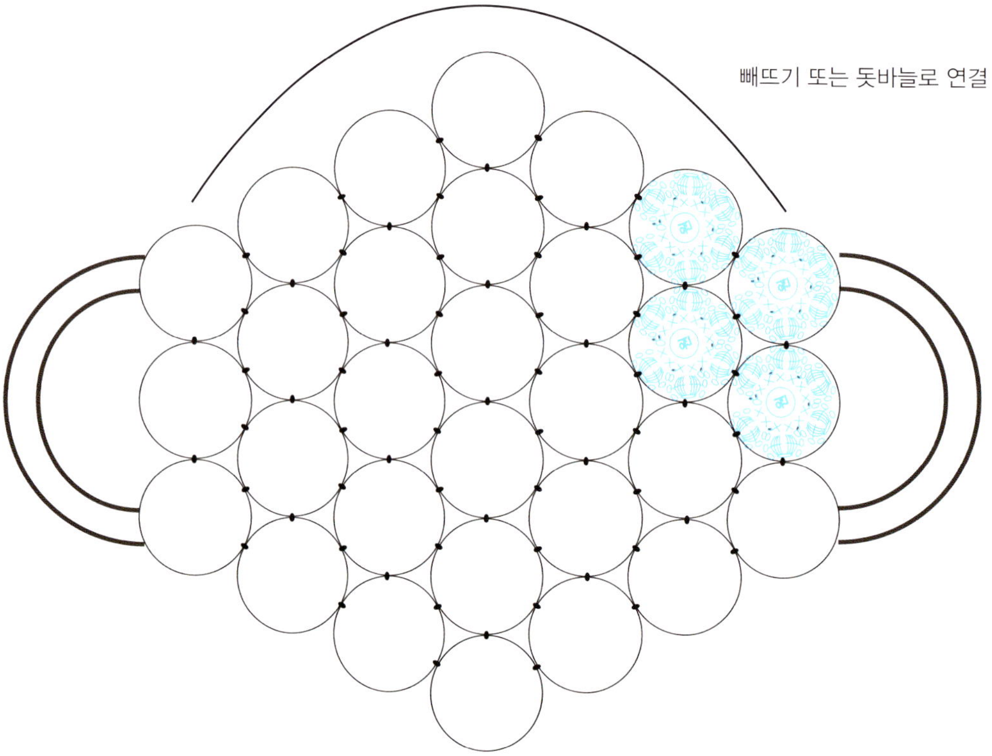

빼뜨기 또는 돗바늘로 연결

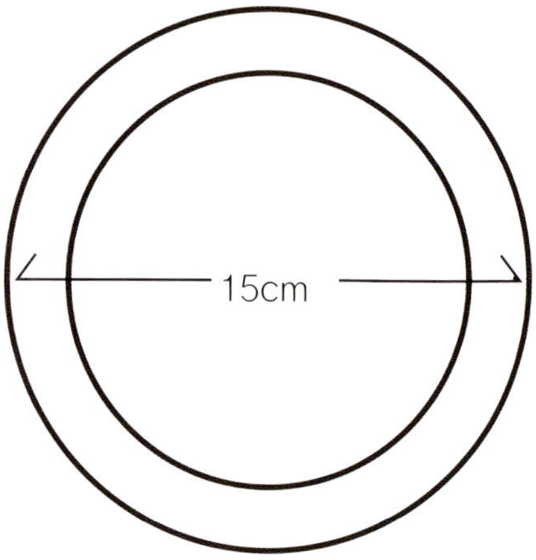

15cm

손잡이는 실로 감으면서 짧은뜨기를 해준다.

모티브

① 짧은뜨기 하나에 기둥이 4개 들어가도록 하고 8코를 한 번에 방울뜨기해 준다.
② 하나 뜨고 2개째부터는 방울뜨기 부분에 빼뜨기로 연결해 주면서 뜬다. 원하는 색상으로 30개 뜬다.

별 쿠션

배수정

사용실과 사용량 : 아크릴사 살구색 300g, 흰색 80g
사용 도구 : 모사용 코바늘 7/0호
부재료 : 지퍼 **사이즈** : 45cm x 45cm
난이도 : ★ ★ ☆ ☆ ☆ **작품 사진** : 21쪽

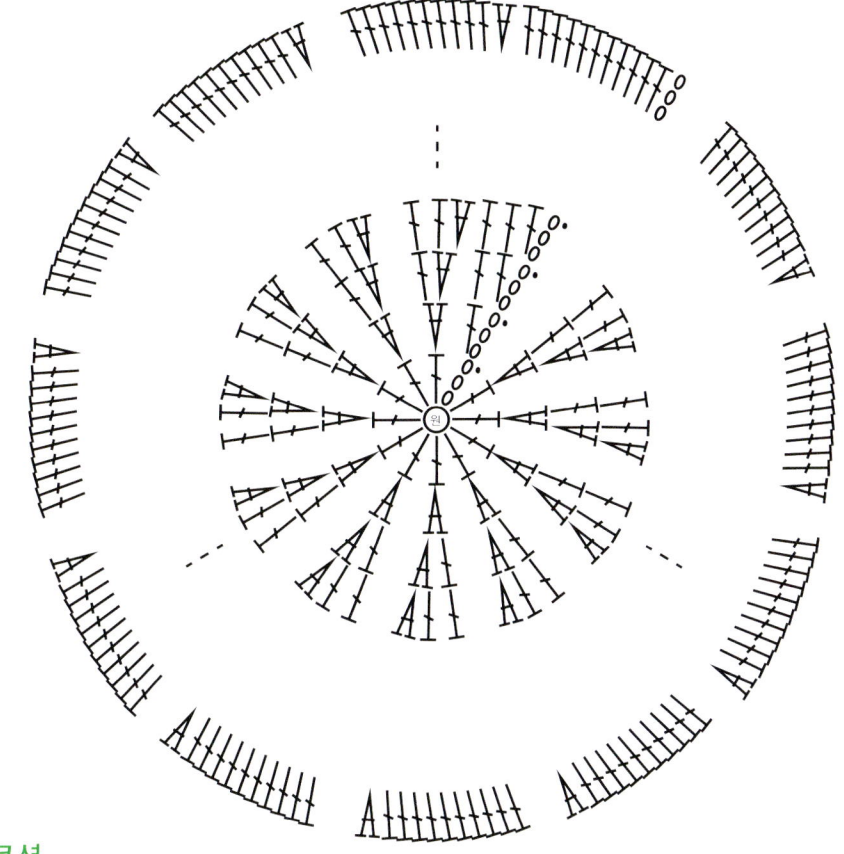

쿠션

① 실을 2가닥으로 1길긴뜨기 12코로 시작하여 도안과 같이 규칙적으로 코를 늘려 주면서 12단까지 뜬다.
② 똑같이 2장을 떠서 감침질로 연결 후 지퍼를 달아 준다.

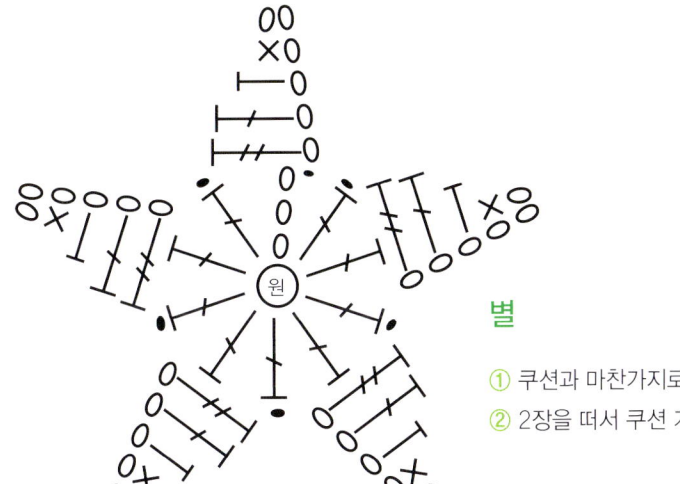

별

① 쿠션과 마찬가지로 2가닥 실로 원을 만들어 도안과 같이 뜬다.
② 2장을 떠서 쿠션 가운데에 붙여 준다.

애벌레 가족

배 수 정 예쁜손

사용실과 사용량 : 아크릴사 다홍색, 머스터드색, 연두색, 형광 오렌지색 각 80g
사용 도구 : 대바늘 6mm, 모사용 코바늘 5/0호
부자재 : 눈단추, 솜   **사이즈** : 9cm x 15cm, 9cm x 20cm, 9cm x 25cm, 9cm x 30cm, 9cm x 35cm
난이도 : ★ ★ ★ ☆ ☆   **작품 사진** : 22쪽

뜨는 법

① 사슬코 26개로 시작하여 메리야스뜨기 6단, 가터뜨기 6단을 기본으로 뜬다.

② 길이에 따라 메리야스-가터뜨기 2번, 3번, 4번, 5번, 6번을 반복한다.

③ 마지막 단에서 왼코겹치기로 코를 줄여 준다.

④ 코바늘로 애벌레 발을 떠준다.

⑤ 돗바늘로 옆선을 이어 원통을 만들어 준 후, 위쪽 부분 제일 끝단에 실을 통과시켜 오므려서 마감하고 솜을 넣은 후에 아래쪽도 같은 방법으로 오므려서 마감한다.

9x35   9x30   9x25

9x20   9x15

├── 17코 ──┤├── 9코 ──┤

가을 나무

박미선

사용실과 사용량 : 혼방사 연두색 480g, 연카키 480g, 머스터드색 270g
사용 도구 : 모사용 코바늘 6/0호
사이즈 : 113cm x 86cm **난이도** : ★ ★ ★ ★ ★
작품 사진 : 23쪽

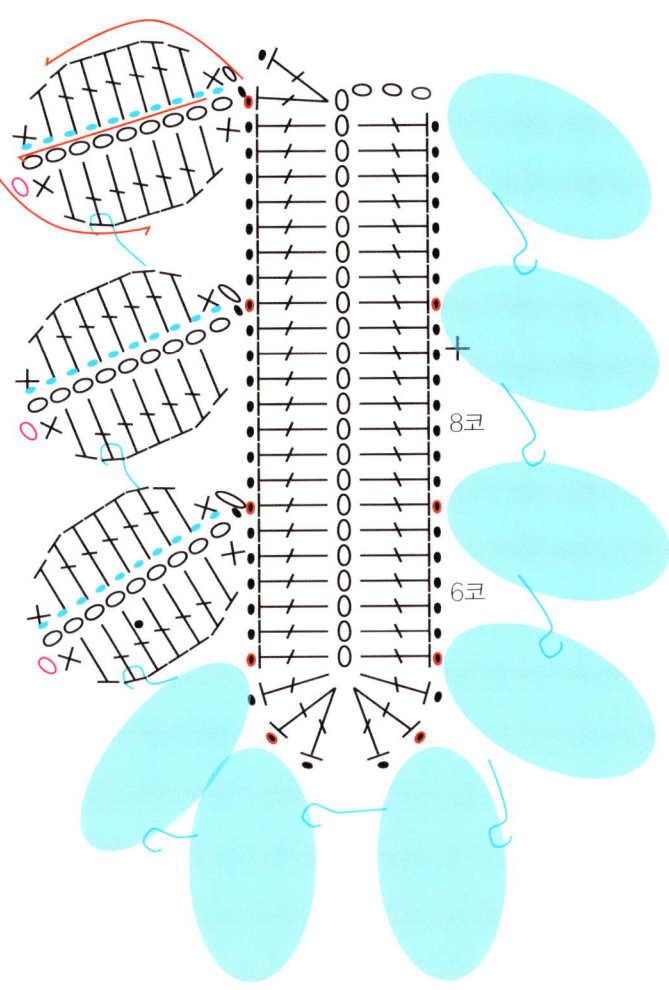

뜨는 법

① 줄기를 먼저 뜨기 위해 사슬뜨기 199코를 잡아 준다 (무늬 8코x24번. 끝 부분 무늬 6코. 시작코 1개). 기둥코를 세우고 1길긴뜨기를 쭉 뜨고 마지막 코에는 8코를 뜨고 쭉 뜬다. 마지막에는 1길긴뜨기 2코를 1코에 떠 준다.

② 이파리는 도안에 표시된 ● 부분에서 해 주는데 줄기 부분은 8코마다 뜬다. 줄기 끝쪽은 6번째 코에 이파리를 떠 준다.

③ 이파리는 사슬뜨기 9코로 시작하여 떠 주는데 위아래로 둘러 주고 잎맥 부분은 빼뜨기로 그려 주면서 줄기로 돌아온다.

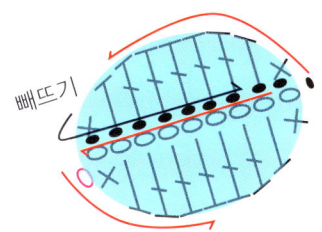

④ 이파리는 뜰 때 먼저 뜬 나뭇잎에 걸어 빼뜨기를 해 주면서 이어지게 만든다.

⑤ 총 13개의 줄기를 뜬다. 2번째 줄기는 뜨면서 미리 떠 둔 줄기의 이파리(○)에 또 걸어 빼뜨기를 해 주며 붙인다.

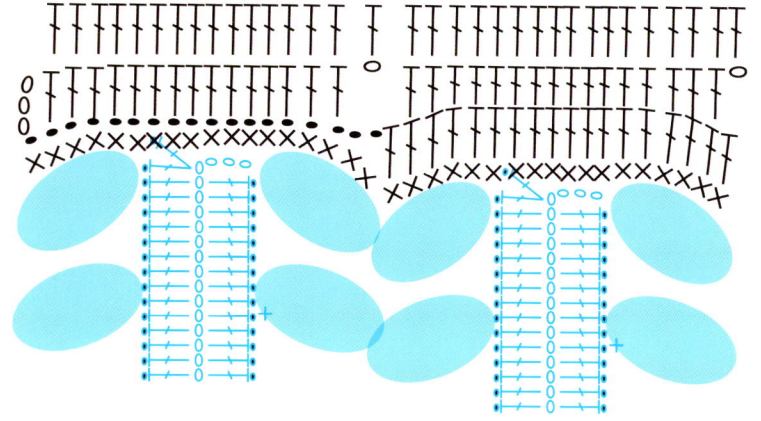

마무리

① 줄기에서 코를 주워 총 207코가 되도록 한다.
② 이파리를 이어 떴기 때문에 줄기 위치에 약간의 단차가 생기므로 도안과 같이 뜬다.

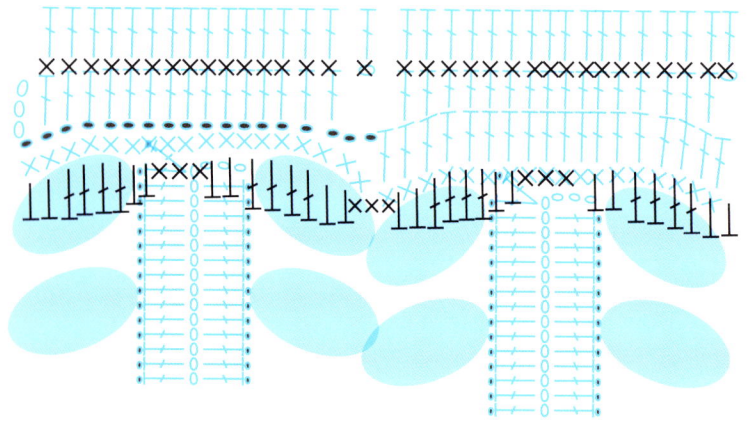

③ 1길긴뜨기 사이에 짧은뜨기를 떠서 입체적으로 만든다.
④ 나무줄기 쪽 짧은뜨기에 코를 걸어 나뭇잎 모양을 따라 덮개를 만든다.

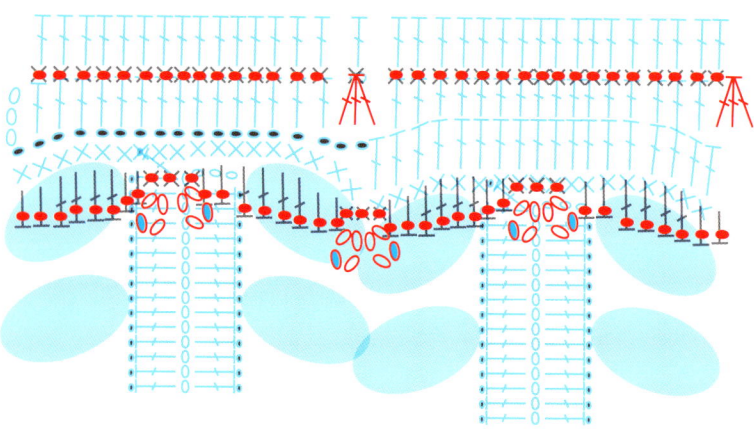

⑤ ③의 짧은뜨기 기둥 옆면에 빼뜨기를 해 주고 중간의 코 비운 곳에 2코 줄이기를 1길긴뜨기로 한다.
⑥ ④의 기둥 끝쪽에 역시 빼뜨기를 쭉 두르고 짧은뜨기 부분에서 사슬로 원을 만들어 주는데 나무줄기나 이파리에 걸어서 사슬뜨기를 1코 해 준다(🔵).

넝쿨 밸런스

박미선

사용실과 사용량 : 순면콘사 18합 녹색 50g, 분홍색 20g
사용 도구 : 모사용 코바늘 4/0호, 5/0호
사이즈 : 118cm × 98cm **난이도** : ★★★★☆
작품 사진 : 24쪽

꽃 모티브를 9장 떠 준다.

뜨는 법

① 꽃을 먼저 뜬 다음 검은색 부분의 시작점부터 시작한다.

② 잎사귀에서 실을 마무리해 주고 붉은색 화살표가 있는 곳에서 이어서 떠 준다.

③ 붉은색과 같은 방법으로 8번째 꽃까지 이어서 뜬다.

④ 마지막 꽃 부분은 보라색 부분과 같이 떠 준다.

⑤ 마지막으로 녹색 부분과 같이 떠 주고 나머지 점선 부분은 짧은뜨기로 다 둘러 준다.

⑥ 테두리를 두를 때에는 잎사귀와 잎사귀 사이 부분의 도안도 떠 준다.

금상

피크닉 닭가방

박수진 한울

사용실과 사용량 : 짚시pp사 흰색240g, 잡사 빨간색(벼슬)약간, 잡사 주황색(부리)약간

사용 도구 : 모사용 코바늘 6/0호

부자재 : 인형 눈 2개 **사이즈 :** 35cm x 28cm

난이도 : ★★★☆☆ **작품 사진 :** 25쪽

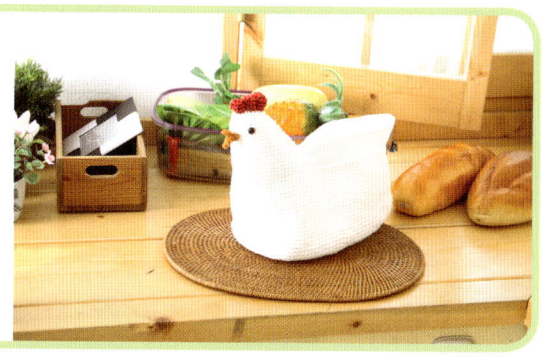

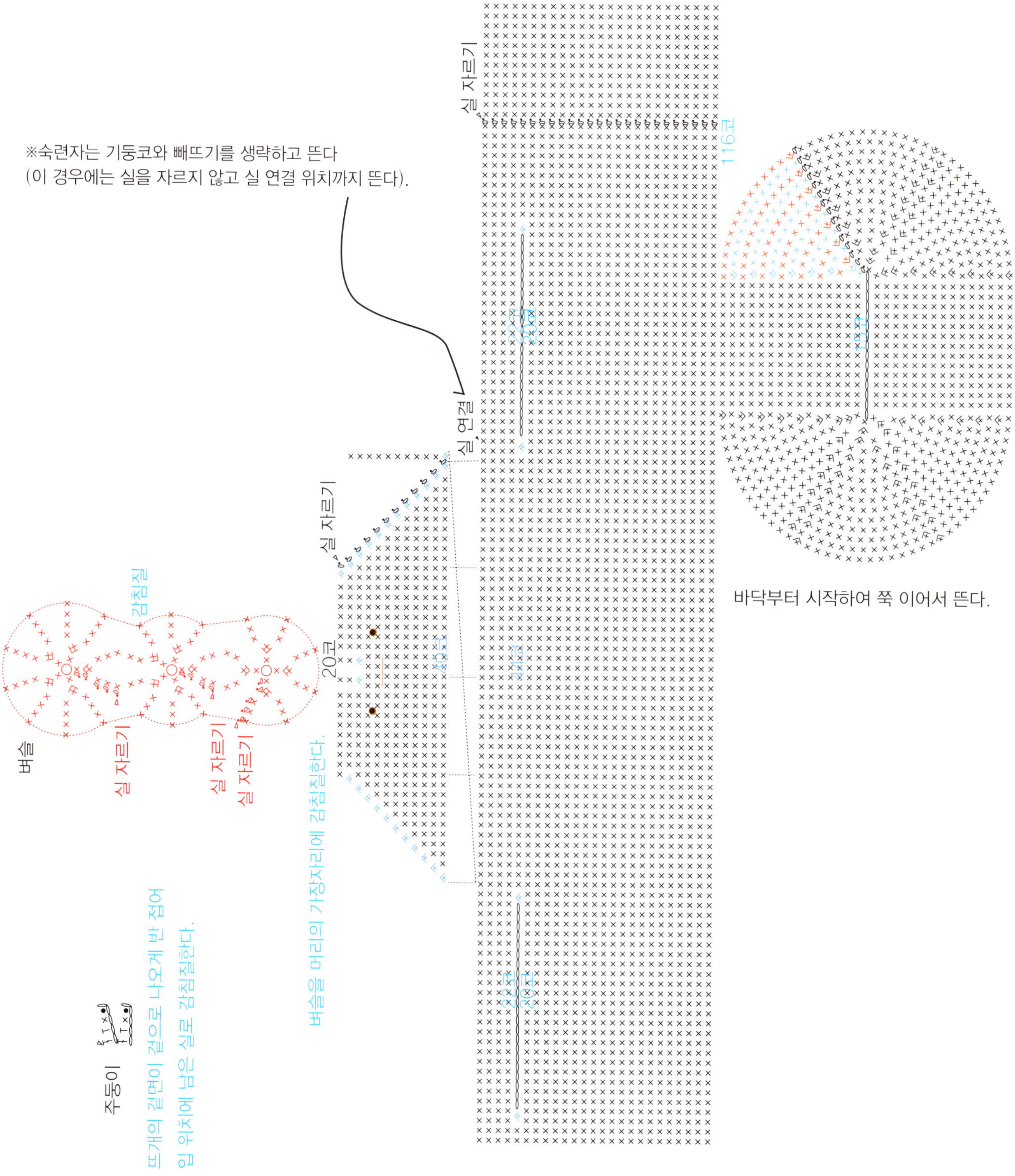

※숙련자는 기둥코와 빼뜨기를 생략하고 뜬다
(이 경우에는 실을 자르지 않고 실 연결 위치까지 뜬다).
실 자르기
116코
실 연결
바닥부터 시작하여 쪽 이어서 뜬다.
20코
감침질
벼슬
실 자르기
실 자르기
실 자르기
벼슬을 머리의 가장자리에 감침질한다.
주둥이
뜨개의 겉면이 겉으로 나오게 반 접어
입 위치에 남은 실로 감침질한다.

금상

꽃이 화려한 빈티지 느낌의 테이블클로스
조향미

사용실과 사용량 : 면사 녹색 50g 8볼, 옐로베이지색 100g 8볼, 붉은색 100g 4볼
사용 도구 : 모사용 코바늘 5/0호
사이즈 : 80cm x 120cm   **난이도** : ★ ★ ★ ☆ ☆
작품 사진 : 26쪽

모티브

① 실은 2가닥으로 사용한다.
② 도안의 빨간색 부분은 붉은색 실로 떠 주고 실 끝마무리를 말끔히 해 놓는다(161개 만들기).
③ 파란색 부분은 옐로베이지색으로 떠 주고 실 끝마무리를 한다.
④ 검은색 부분은 녹색 실로 이어서 떠 주고 모티브를 완성한다.

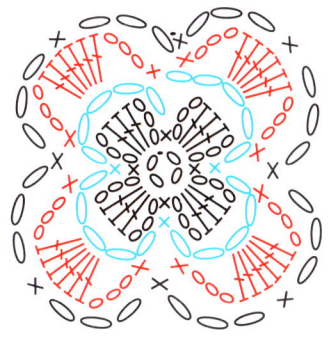

꽃 장식

① 모티브의 내부 꽃만 붉은색 실로 뜬다.
② 8개를 뜬 다음 2개의 꽃을 겹쳐서 녹색 실로 이어 준 다음 사슬뜨기 8cm를 떠 준다.

모티브 도안 이어 주기
검은색으로 표시된 곳을 순서대로 잘 보고 이어 준다.

149	150	151	152	153	154	155	156	157	158	159	160	161
15	14	13	12	11	10	9	8	7	6	5	4	3	2	1
30	29	28	27	26	25	24	23	22	21	20	19	18	17	16
45	44	43	42	41	40	39	38	37	36	35	34	33	32	31
60	59	58	57	56	55	54	53	52	51	50	49	48	47	46
75	74	73	72	71	70	69	68	67	66	65	64	63	62	61
90	89	88	87	86	85	84	83	82	81	80	79	78	77	76
105	104	103	102	101	100	99	98	97	96	95	94	93	92	91
120	119	118	117	116	115	114	113	112	111	110	109	108	107	106
135	134	133	132	131	130	129	128	127	126	125	124	123	122	121
148	147	146	145	144	143	142	141	140	139	138	137	136

① 모티브는 숫자 순서에 맞춰 돗바늘로 이어 준다.
② 4귀퉁이는 이어 주어 입체적으로 만든다.
③ 모두 이어 주고 테두리에 녹색 실로 짧은뜨기 3단을 둘러 준다.
④ 앞에서 만든 꽃 장식을 이어 준 귀퉁이에 달아 준다.

블랭킷 스타일 카펫

조향미

사용실과 사용량 : 몽블랑 스탠더드 No.33 민트 30g × 34볼, No.4 오렌지 30g × 29볼, No.7 옐로 그린 30g × 34볼,
No. 11 엘리스블루 30g × 29볼, No. 22 베이비옐로 30g × 25볼

사용 도구 : 모사용 코바늘 10/0호 **부자재** : 마커, 돗바늘 **사이즈** : 128cm × 128cm

난이도 : ★ ★ ★ ☆ ☆ **작품 사진** : 27쪽

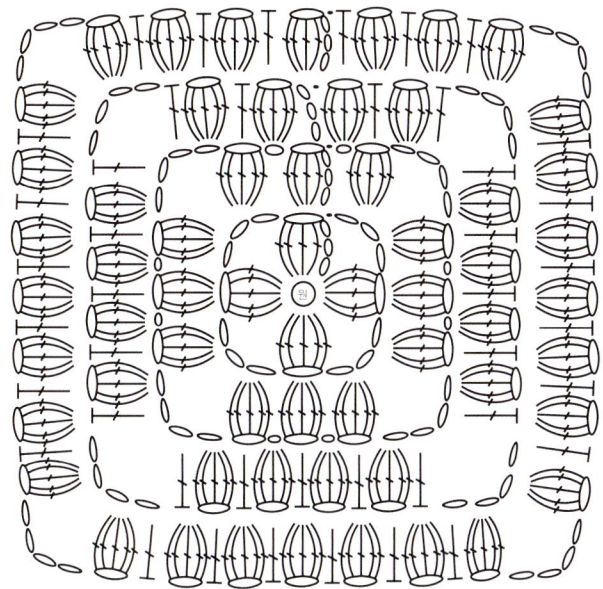

뜨는 법

① 베이비옐로색 실로 원을 만든 다음 도안을 보고 4개의 팝콘을 만든다.

② 도안을 참조하여 4곳의 코너가 되는 부분은 사슬뜨기 4코를 뜨고 1길긴뜨기가 있는 곳에는 팝콘을 떠 주고 팝콘이 있는 곳에는 1길긴뜨기를 떠 준다.

③ 귀퉁이 사슬 4코 안에서 늘려 주는 방법은 마지막 코가 팝콘으로 끝났으면 1길긴뜨기 1코. 팝콘 1개를 떠 주고 사슬뜨기 4코. 팝콘 1개. 1길긴뜨기 1코 순으로 떠 가는 방법으로 실 색상표를 참조하여 28단까지 뜬다.

④ 29단에는 사각형 절반 부분에 마커를 해 주고 마커로부터 팝콘 5개를 남기고 귀퉁이 늘림까지 포함하여 23개의 팝콘을 만들어 준다.

⑤ 나머지 모서리도 ④와 같이 떠 준다(팝콘 위에 1길긴뜨기. 1길긴뜨기 위에 팝콘을 해 줘야 하며 귀퉁이 부분의 늘림은 팝콘으로 끝났으면 1길긴뜨기. 팝콘. 사슬뜨기 4코. 팝콘. 1길긴뜨기 순으로 떠 나간다).

⑥ 30단에는 29단 끝에서 5개의 팝콘을 남기고 실을 이어서 20개의 팝콘을 사슬뜨기 4코 있는 데까지 만들어 준다.

⑦ 귀퉁이가 되는 곳에 사슬 4코를 해 주고 꺾여지면서 20개의 팝콘을 만들어 주고 실을 끊는다.

⑧ ⑥~⑦번과 같은 방법으로 나머지 귀퉁이를 둘러 준다.

⑨ ⑥~⑧번을 참조하여 같은 방법으로 31~34단까지 떠 준다.

⑩ 모든 실 끝을 돗바늘로 끝처리를 해 준다.

단수	실색상	팝콘개수	단수	실색상	팝콘개수
1	베이비옐로	1	18	엘리스블루	35
2	오렌지	3	19	민트	36
3	민트	4	20	베이비옐로	39
4	옐로그린	7	21	베이비옐로	40
5	옐로그린	8	22	베이비옐로	43
6	엘리스블루	11	23	민트	44
7	엘리스블루	12	24	오렌지	47
8	엘리스블루	15	25	오렌지	48
9	베이비옐로	16	26	오렌지	51
10	오렌지	19	27	민트	52
11	민트	20	28	옐로그린	55
12	옐로그린	23	29	옐로그린	23×2
13	옐로그린	24	30	옐로그린	20×2
14	옐로그린	27	31	엘리스블루	16×2
15	민트	28	32	베이비옐로	13×2
16	엘리스블루	31	33	오렌지	9×2
17	엘리스블루	32	34	옐로그린	6×2

여기서 팝콘 개수는 한쪽 변에서의 개수이다.

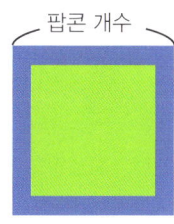

팝콘 개수

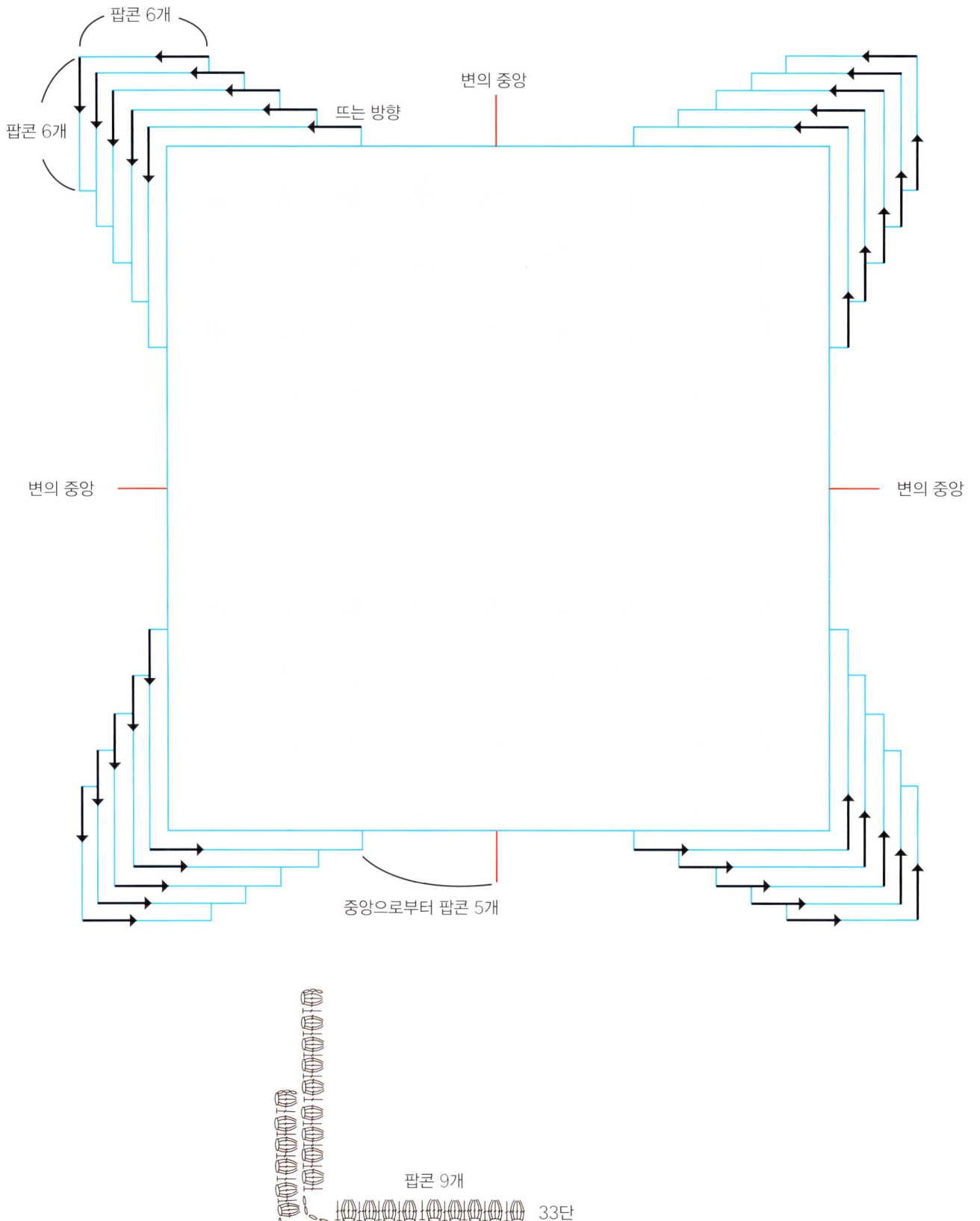

장미꽃이 있는 주방 미니커튼

조형미 원

사용실과 사용량 : 몽블랑 스탠더드 No.23 디프엘로 30g 5볼, No.26 디프그린 30g 5볼, No.25 올리브 30g 7볼
사용 도구 : 모사용 코바늘 6/0호 **부자재** : 돗바늘, 가위, 줄자
사이즈 : 101cm x 47cm **난이도** : ★ ★ ★ ☆ ☆
작품 사진 : 28쪽

뜨는 법

① 디프엘로색 실로 1~6단까지 떠서 실끝을 마무리해 놓는다.
② ①을 10개 뜬다.
③ 올리브색 실을 연결하여 7단을 뜨고, 디프그린색 실로 바꾸어 8~10단을 떠서 모티브 1개를 마무리한다.
④ 나머지 개수의 모티브는 도안 A처럼 떠 주고 도안 B를 참조하여 10단째 뜨면서 이어 준다. 모티브는 다이어그램의 번호 순서대로 이어 준다.
⑤ 마무리 : 커튼 둘레는 도안 B를 참조하여 각 코에 짧은뜨기 1코씩 떠 주고 모티브를 이어 주는 부분은 도안 B를 참조한다.
⑥ 커튼 고리는 다이어그램과 도안 B를 참조하여 9코를 24단 뜨고 반으로 접어 시침질해 준다.

도안 A

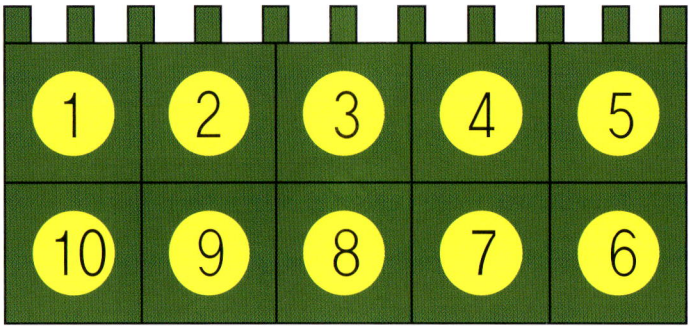

다이어그램

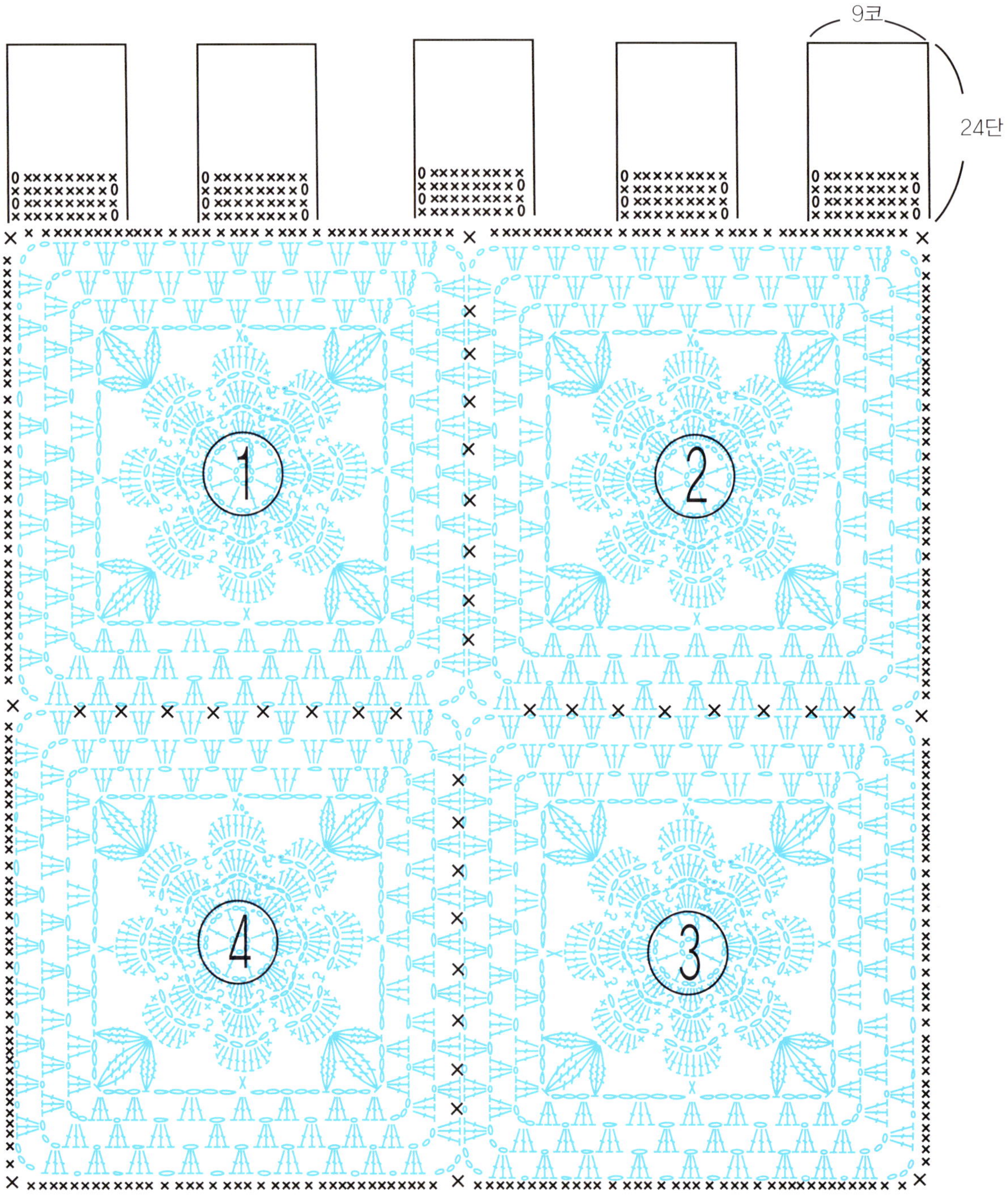

도안 B

K-팝-콘 숄더백

조향미

사용실과 사용량 : 도미노 종이실 나염사 10볼(750g)
사용 도구 : 모사용 코바늘 6/0호
부자재 : 돗바늘, 지퍼, 안감, 고급 가죽 손잡이, 가방 발 5개, 손잡이와 같은 색상의 가죽(74cm x 8cm)
사이즈 : 36cm x 32cm **난이도** : ★ ★ ★ ☆ ☆ **작품 사진** : 29쪽

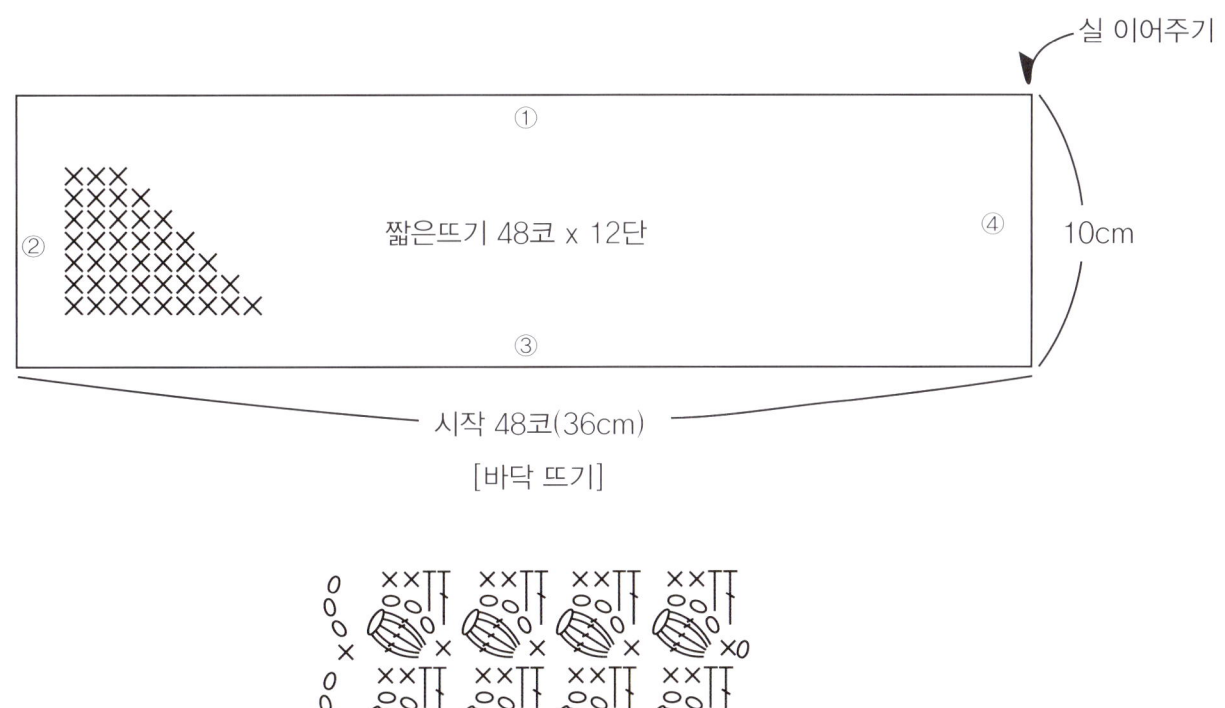

[바닥 뜨기]

[가방 몸통 패턴]

뜨는 법

① 도안을 참조하여 사슬뜨기 49코를 뜬다.

② 사슬뜨기 1코를 건너뛰고 48코에서부터 짧은뜨기 48개를 매 단마다 편물지를 돌려 가며 12단을 뜨고 10cm 정도의 실을 남긴 다음 잘라 준다(편물지 돌리기 전에 사슬뜨기 1코는 반드시 떠 준다).

③ 바닥의 오른쪽 맨 위 코너에 실을 연결하여 무늬뜨기 가방 몸통 패턴을 참조하여 시계 반대 방향으로 번호 1. 2. 3 그리고 4를 따라 팝콘무늬(12+4+12+4)를 1단 떠 주고 매 단째 편물지를 돌려 가며 가방 몸통을 24단 떠 주고 짧은뜨기 2단을 더 뜬다.

④ 가방 입구 쪽에 가방 사이즈의 가죽을 가방에 맞춰서 박은 다음 안감을 단다.

⑤ 손잡이는 가방 양옆에 맞춰 단다.

Note : 가방 손잡이와 안감 그리고 가죽 대는 일은 전문업체에 맡겨서 하는 것이 고급스럽다.

금상

초코의 외출
유창희 초코니가방

사용실과 사용량 : 코드사 흰색 8볼(400g), 진밤 1볼(50g), 베이지 1볼(50g), 베이비론(베베사) 약간
사용 도구 : 모사용 코바늘 5/0호, 대바늘 5mm
부자재 : 낚싯줄, 스팽글, 지퍼, 가방 손잡이, 깔판, 단추, 바늘, 솜
사이즈 : 48cm x 23cm **난이도** : ★★★☆☆ **작품 사진** : 30쪽

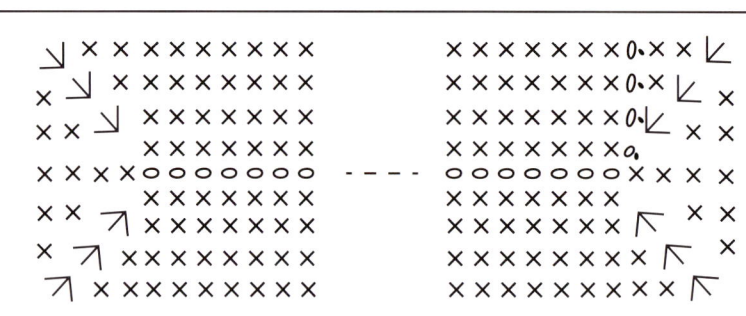

가방 밑바닥

① 사슬뜨기 61코를 잡고 짧은뜨기로 둘러 준다.
② 모서리에서 2코씩 늘려 준다.
③ 22단 떠 준다.

몸통 뜨기

① 1코에 짧은뜨기 2코와 사슬뜨기 1코 떠 주기를 반복하여 흰색으로 21단 떠 준다.
② 밤색, 흰색, 금색, 흰색, 밤색 순으로 1단씩 떠 주고 흰색으로 4단 뜬다.
③ 1길긴뜨기 12코를 뜨고 밤색 실로 사슬뜨기, 1길긴뜨기 9번을 하고 흰색으로 1길긴뜨기 4번, 다시 밤색으로 1길긴뜨기, 사슬 긴뜨기 9번을 총 4번하고 흰색으로 긴뜨기 12번을 해 준다.
12+(사슬뜨기 1길긴뜨기 9번+1길긴뜨기 4번+1길긴뜨기)x4+12
④ ③을 4단 떠 준다. 옆쪽 면은 사슬뜨기 없이 1길긴뜨기로만 떠 준다.
⑤ 흰색 실로 1길긴뜨기 1단을 뜨고, 짧은뜨기 10단, 금색 실로 짧은뜨기 2단을 떠 준다.

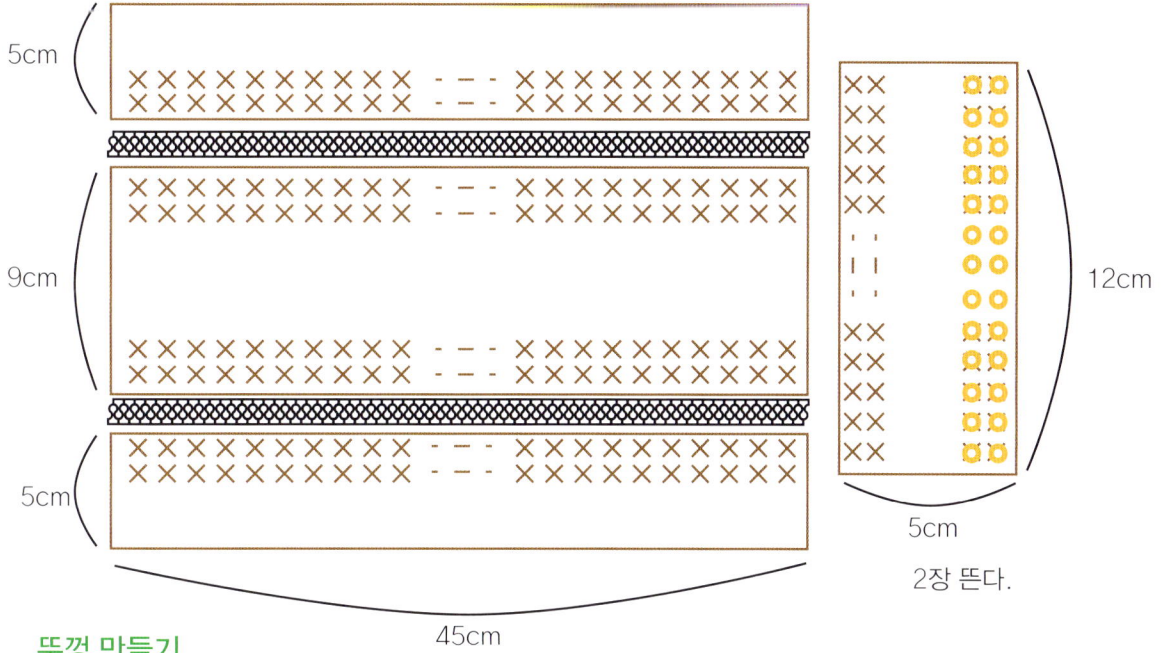

뚜껑 만들기

① 가방 길이에 맞춰 사슬코를 잡아 주고 금색 실로 짧은뜨기 10단을 해 준다.
② 밤색 실로 ①과 길이는 똑같이 잡아 주고 짧은뜨기로 20단을 뜬다.
③ 낚싯줄로 지퍼를 달아 준다.
④ 지퍼 손잡이 덮개는 양옆 뚜껑의 반절 정도 되는 길이로 코를 잡아 짧은뜨기로 10단 떠 주고 낚싯줄로 스팽글을 단다.

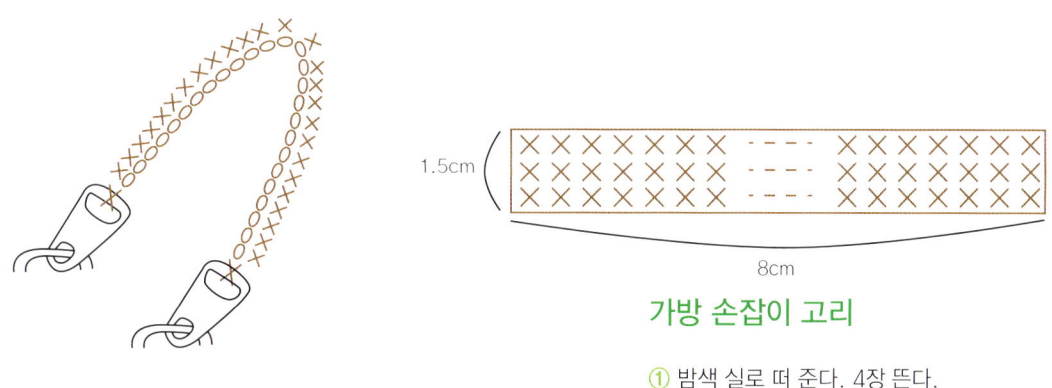

지퍼 고리

사슬을 원하는 길이만큼 뜨고, 짧은뜨기로 지퍼 고리에 연결해 준다.

가방 손잡이 고리

① 밤색 실로 떠 준다. 4장 뜬다.
② 가방 고리에 걸어 가방에 바느질해 준다.

강아지 얼굴 뜨기

① 원형뜨기 6코로 시작하여 원하는 사이즈까지 늘려 떠 준다.
② 늘리는 규칙으로 줄여 주고 솜을 넣어 마무리한다.

강아지 귀 뜨기

① 원형뜨기 6코로 시작한다.
② 11단까지 뜨고 반으로 접는다. 2장 뜬다.

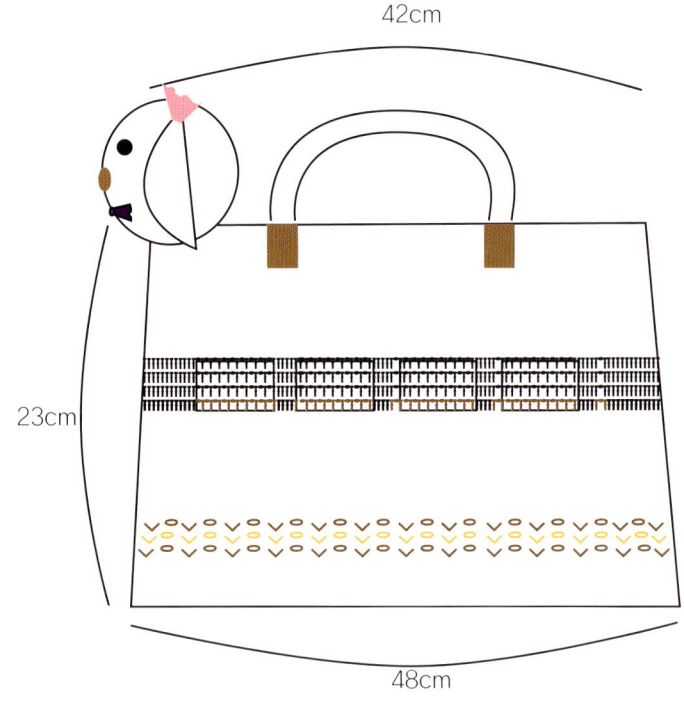

내피

① 깔판을 가방 크기에 맞춰 재단한다.
② 베베사를 이용해 가방 안 크기에 맞춰 안감을 떠 준다 (창을 낸 곳은 제외한다).
③ 낚싯줄로 깔판과 베베사를 고정하고 가방의 4면을 다 연결해 준다.

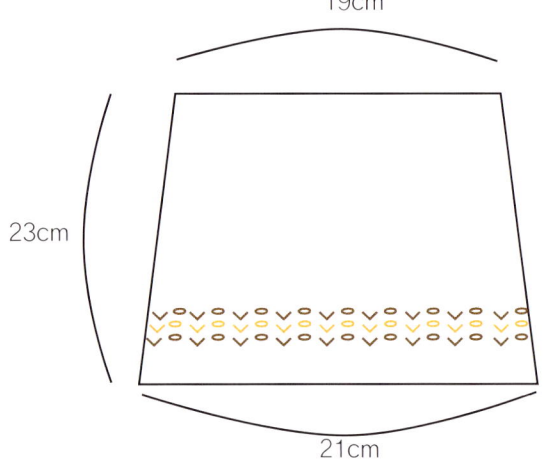

강아지 머리 위에 남은 지퍼를 장식한다.

산들바람(문발)

박 경 숙

사용실과 사용량 : 순면콘사 24합 은사반짝이 콘사 100g
사용 도구 : 모사용 코바늘 5/0호
사이즈 : 45cm x 160cm 2장
난이도 : ★ ★ ★ ☆ ☆   **작품 사진** : 31쪽

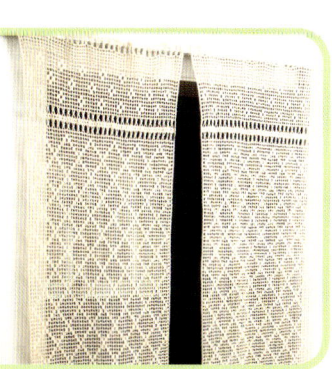

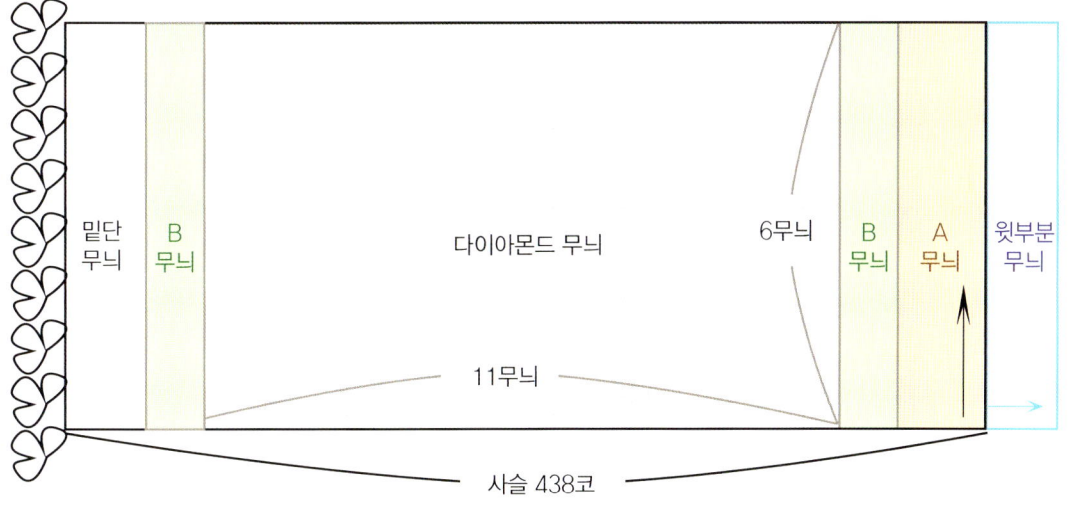

A무늬

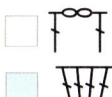

뜨는 법

① 길게 가로로 떠 올라가는 디자인이다. 윗부분 무늬만 마지막에 위에서 코를 주워 뜬다.
② 사슬코를 438코 잡고 A무늬. B무늬. 다이아몬드 무늬. B무늬. 밑단 무늬를 차례로 도안대로 뜬다.
③ 다이아몬드 무늬는 가로로 11무늬. 세로로는 6무늬가 들어가도록 떠 준다.
④ 밑단 무늬는 총 10회 반복된다(꽃송이가 총 30개).
⑤ 윗부분 무늬는 '정오의 햇살(커튼)'의 윗부분 무늬와 똑같이 뜬다(111p).
⑥ 끝단무늬는 '정오의 햇살(커튼)'의 끝단 무늬와 동일하다(111p).
⑦ 똑같이 1장을 더 떠 준다.

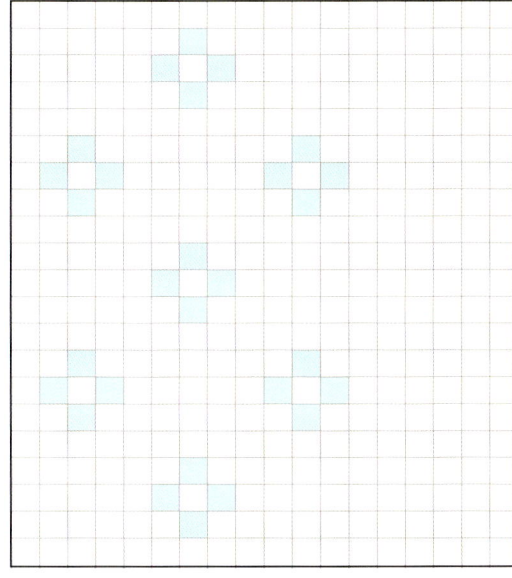

B무늬

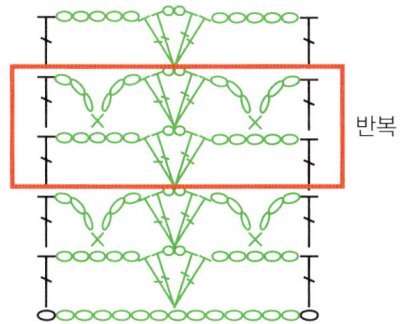

A무늬, B무늬 이어진 모습 예시

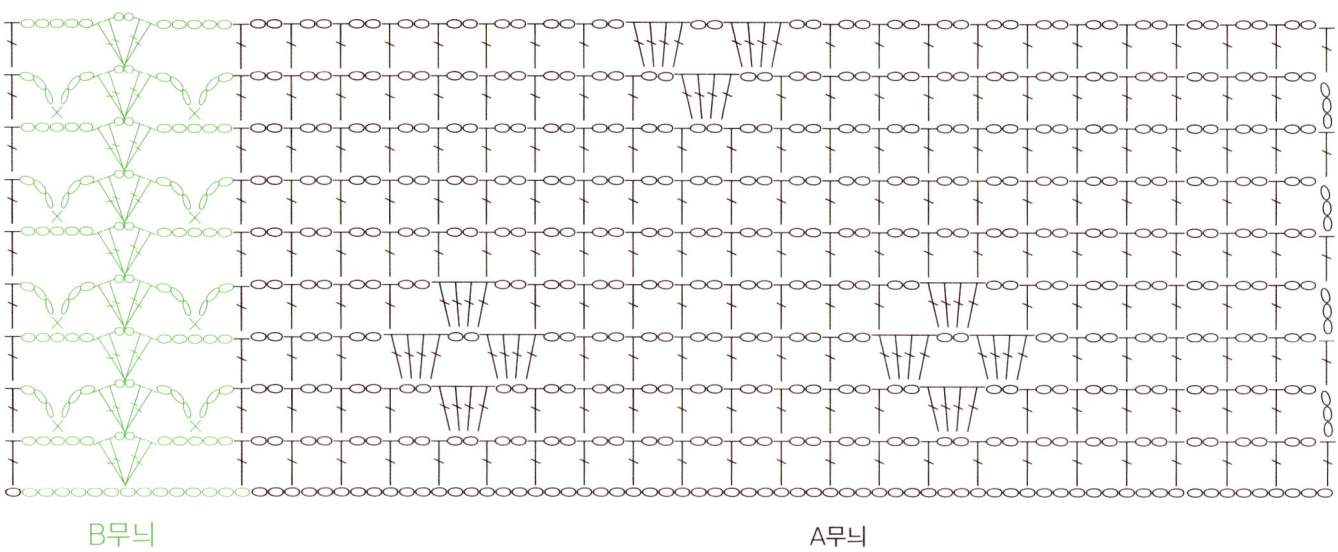

B무늬　　　　　　　　　　　　　　　　　A무늬

다이아몬드 무늬

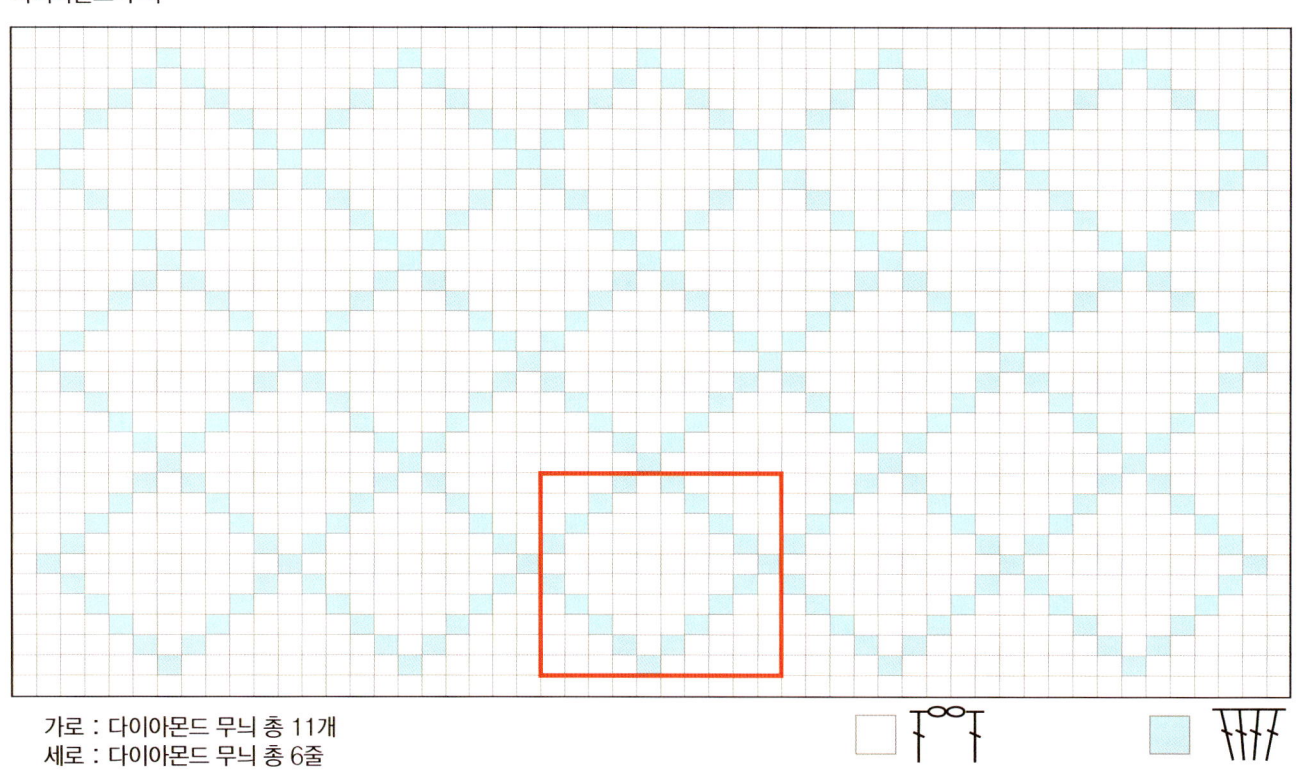

가로 : 다이아몬드 무늬 총 11개
세로 : 다이아몬드 무늬 총 6줄

정오의 햇살(커튼)

박 경 숙

사용실과 사용량 : 순면콘사 18합 1,100g
사용 도구 : 모사용 코바늘 5/0호
사이즈 : 65cm x 120cm 2장 **난이도** : ★ ★ ★ ☆ ☆
작품 사진 : 32쪽

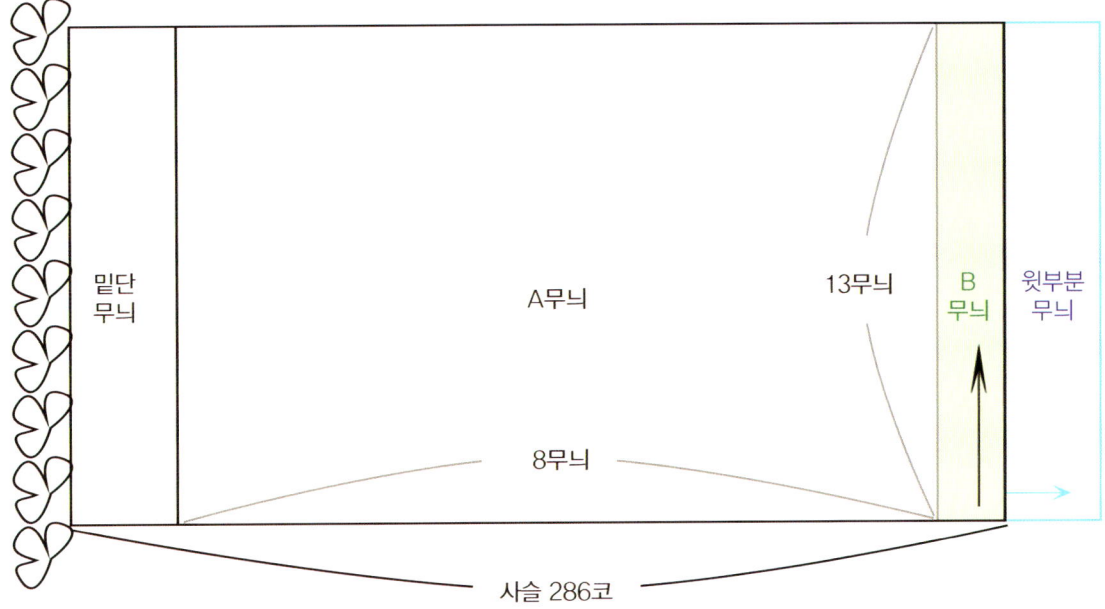

뜨는 법

① 사슬코 286코를 잡고 기둥코로 사슬뜨기 4코를 뜬다.
② 커튼 기본 A무늬. B무늬와 밑단 무늬는 나눠서 뜨지 않고 한 번에 같이 뜬다. 끝단 무늬를 시작하기 위해 기둥코로 사슬코 6코를 더 잡고, 안쪽 7번째 코에 1길긴뜨기를 하면서 도안대로 뜨기 시작한다.
③ 도안대로 밑단 무늬와 A무늬를 뜬다(A무늬 기준 : 가로 8무늬. 세로 13무늬).
④ 윗부분 무늬는 세로로 도안대로 뜬다.
⑤ 똑같은 커튼을 1장 더 뜬다.

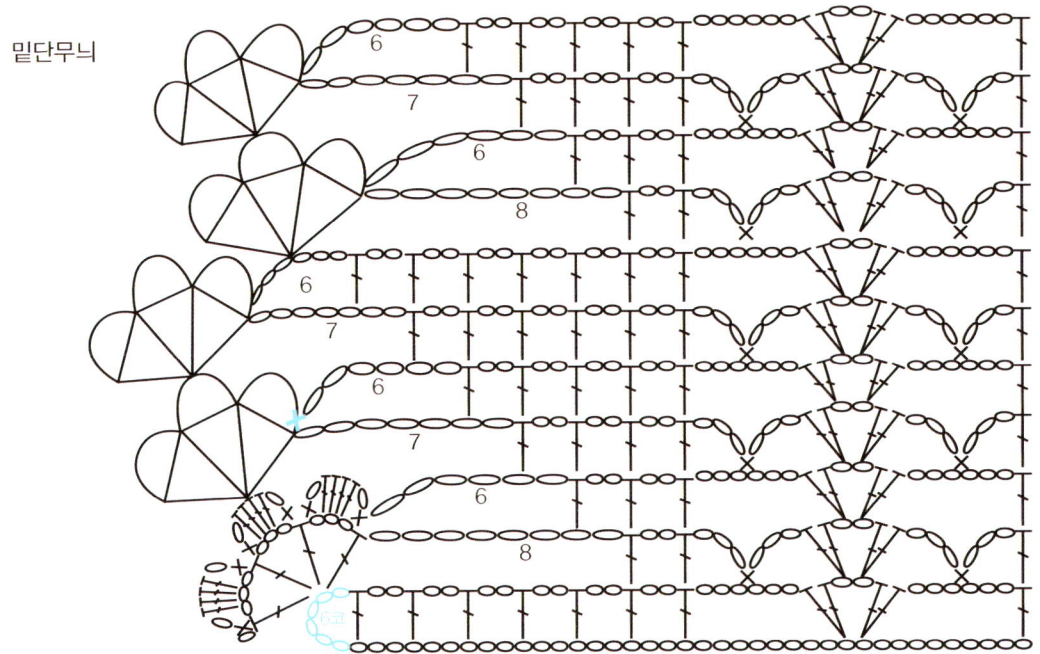

<A무늬>
- 빨간색 네모를 반복하며 뜬다.
  네모가 없는 부분부터 뜨기 시작하여 빨간색 네모를 총 7번 반복한 후 빨간 네모 바깥부분을 마저 뜬다.
  기본 A무늬는 꽃무늬가 가로로 총 8개, 세로로 13개가 된다.

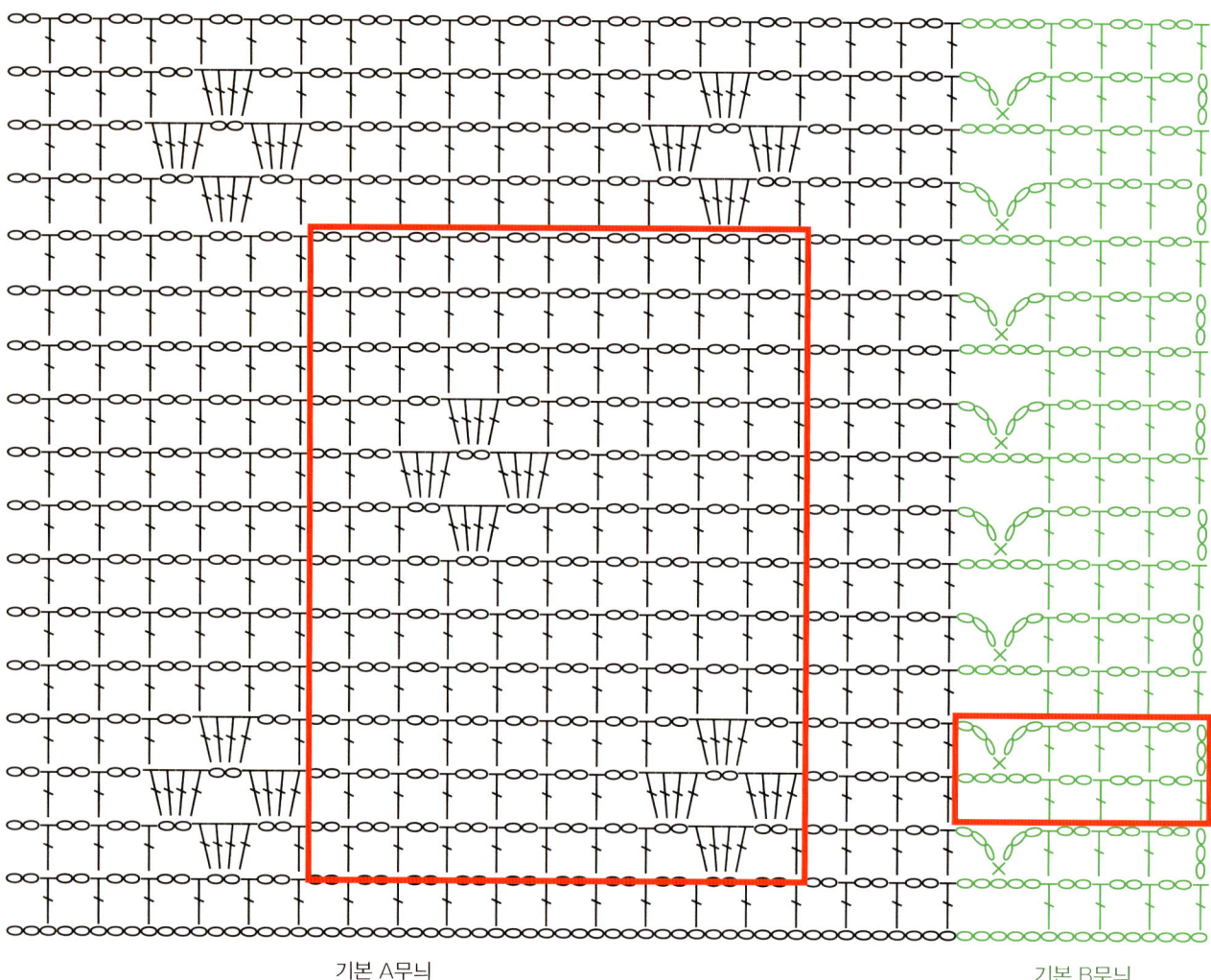

기본 A무늬   기본 B무늬

윗부분 무늬 및 테두리

① 맨 윗부분 끝에 실을 연결하여 4길긴뜨기 2코, 사슬뜨기 2코를 반복하며 단 끝까지 뜨고 나면 실을 끊어 준다.

② ⓐ부분에 실을 연결하여 짧은뜨기로 깔끔하게 단 처리를 해 준다.

③ ⓑ부분 무늬를 뜬다. 그리고 다시 반대쪽 직선 부분을 짧은뜨기로 뜨며 ⓒ부분까지 짧은뜨기로 단 처리를 해 준다.

꽃향기(티슈커버)

박 경 숙 통통이

사용실과 사용량 : 순면콘사 24합 300g, 자투리 실 약간
사용 도구 : 모사용 코바늘 0/6호
사이즈 : 24cm x 14cm **난이도** : ★ ★ ★ ☆ ☆
작품 사진 : 33쪽

뜨는 법

① 티슈 뽑는 부분에서부터 사슬코 50코를 잡아 시작한다.
② 티슈커버 윗부분은 평단으로 네모나게 한 방향으로 뜨고. 몸통은 윗부분 둘레에서 코를 주워 원통으로 돌려 가며 이랑짧은뜨기를 한다.
③ 원통으로 돌려 뜰 때. 1번째 단은 각 모서리 1코에 이랑짧은뜨기를 3코씩 뜨고 다음 단부터는 각 코마다 1코씩만 뜬다.
④ 티슈상자를 다 덮을 정도로 원하는 길이가 되도록 원통으로 몸통 부분을 뜬 후 밑단 무늬를 뜨고 티슈 뽑는 구멍 부분 무늬를 뜬다.

윗부분

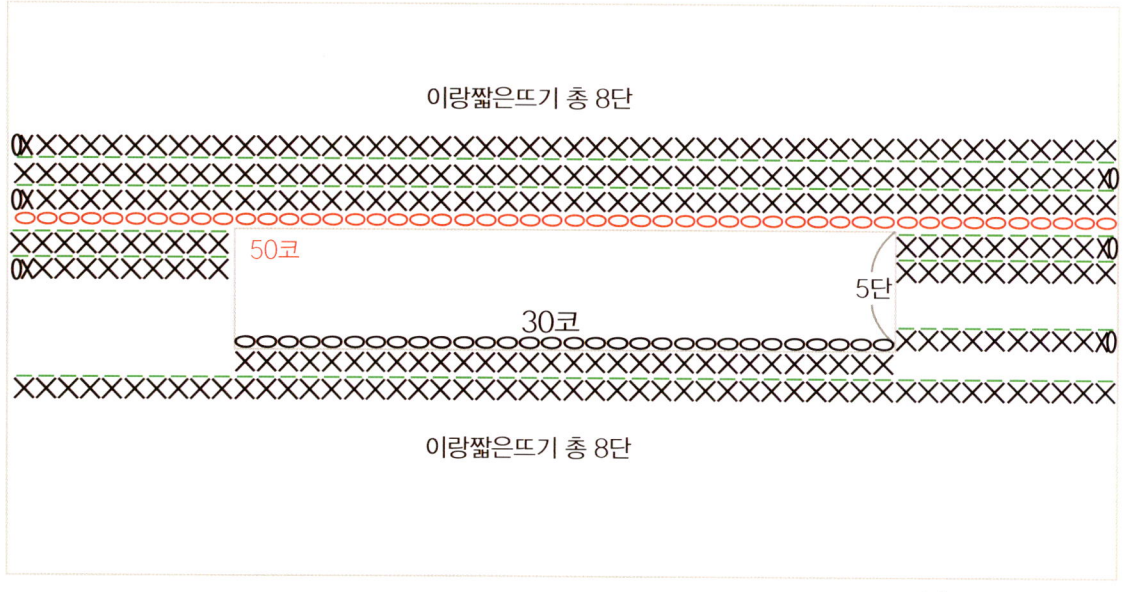

✕ 이랑짧은뜨기

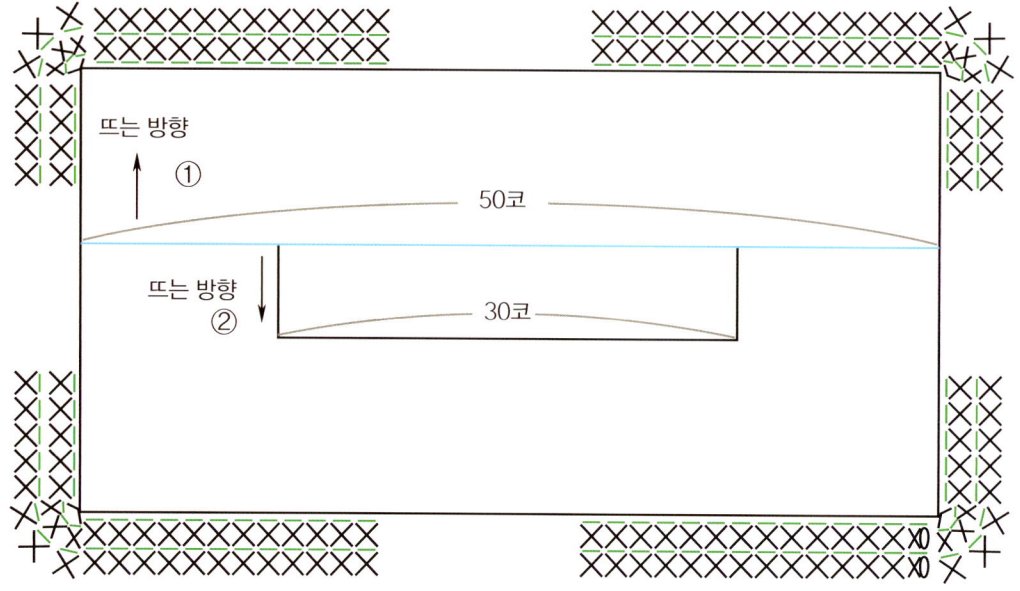

밑단 무늬

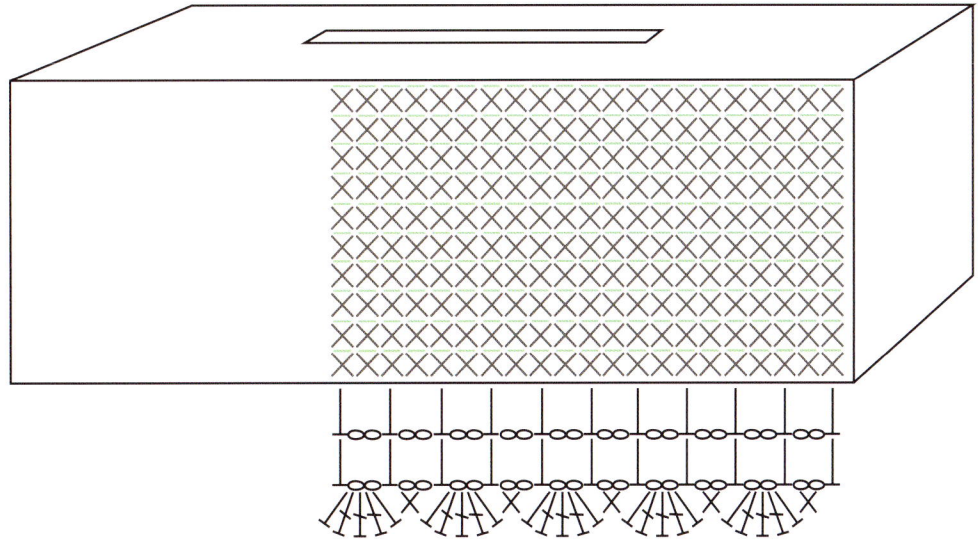

구멍 부분 무늬

사슬 1개에 짧은뜨기 5개, 사슬 하나 건너뛰기, 다음 사슬에 짧은뜨기 5개, 사슬 하나 건너뛰기… 반복

실을 이어서 시작한다

꽃 모티브 A – 5개

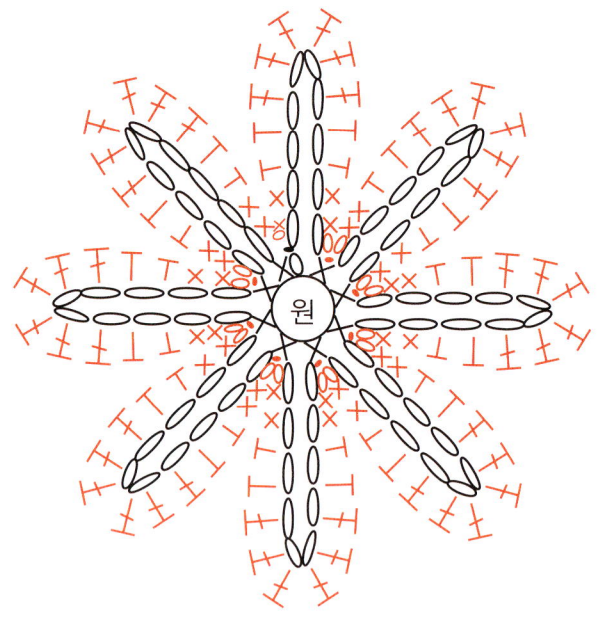

꽃 모티브 B – 2개

꽃 모티브 C – 3개

꽃 모티브 D – 1개

이파리 – 5개

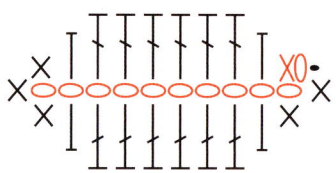

꽃 모티브는 꽃 모양이 서로 교차되도록 포개어
가운데 구슬을 달아 이파리와 함께
티슈커버 윗면에 예쁘게 장식해 준다.

가을 나무 블랭킷

장미영

사용실과 사용량 : 울100% 12p 밤색·진밤색·아이보리색·차콜그레이색·인디고블루색 모두 600g씩
사용 도구 : 모사용 코바늘 10/0호
사이즈 : 130cm x 80cm　**난이도** : ★ ★ ★ ☆ ☆
작품 사진 : 34쪽

[전체 도안]

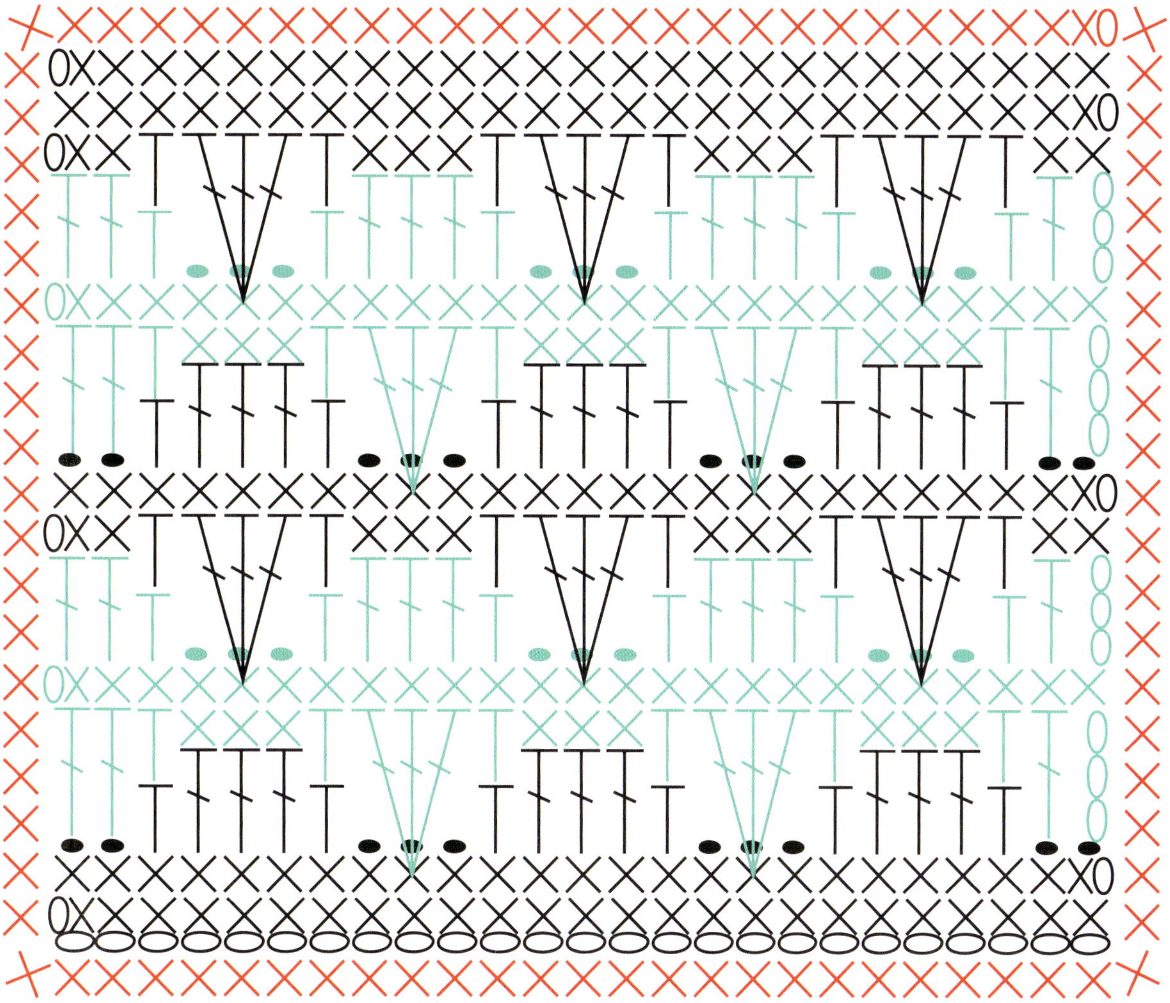

단풍 러그

장미영 로즈영

사용실과 사용량 : 혼방사 연두색·분홍색·노란색·하늘색·파란색·다홍색·진보라색 각각 250g씩
사용 도구 : 모사용 코바늘 9/0호
사이즈 : 90cm x 30cm　**난이도** : ★ ★ ★ ☆ ☆
작품 사진 : 35쪽

[전체 도안]

실을 2가닥으로 사용한다.

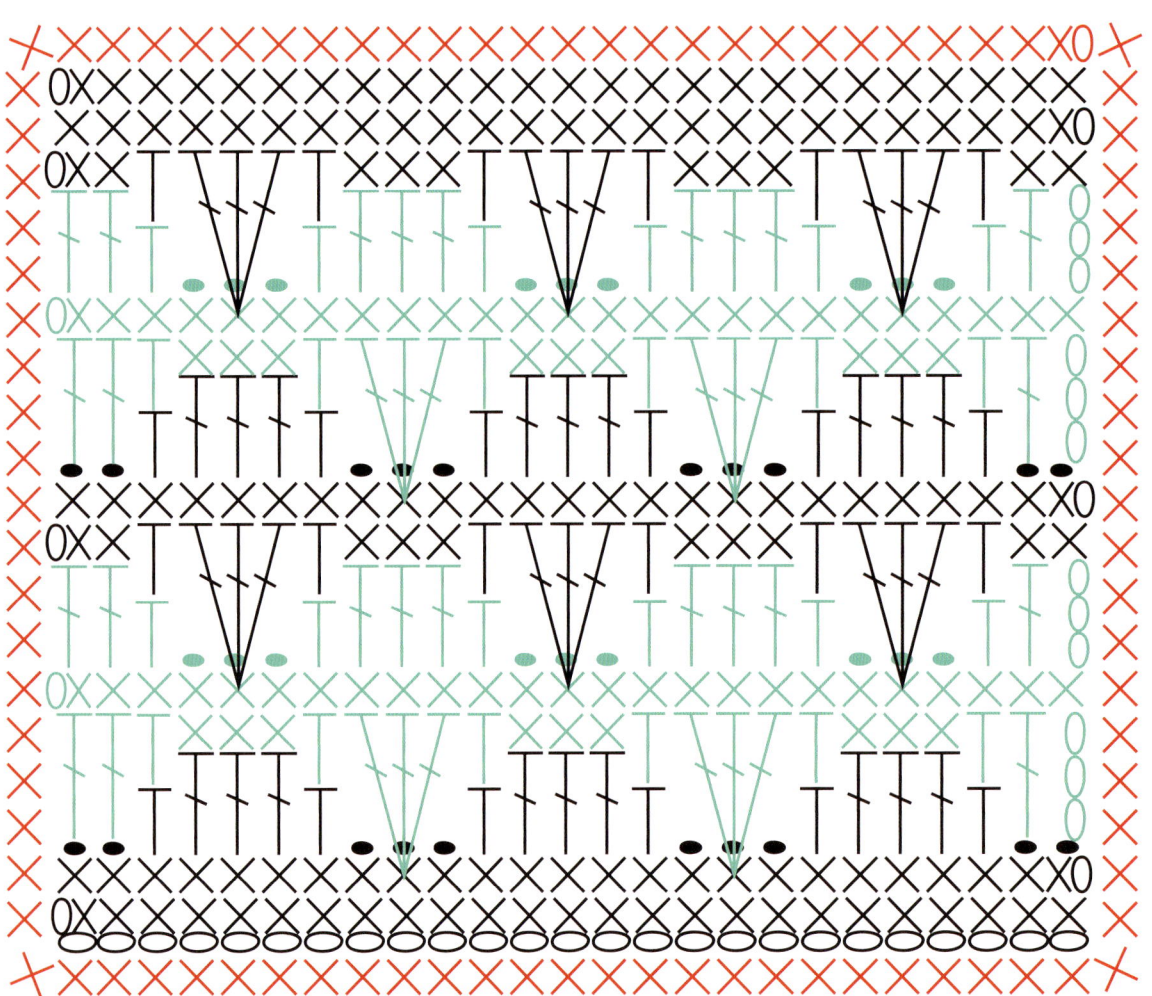

행복한 꽃잎 러그

유니나

사용실과 사용량 : 면 원단 2,600g, 혼방사(꽃잎) 500g
사용 도구 : 모사용 코바늘 6/0호 10mm
사이즈 : 120cm × 120cm   **난이도** : ★ ★ ★ ☆ ☆
작품 사진 : 36쪽

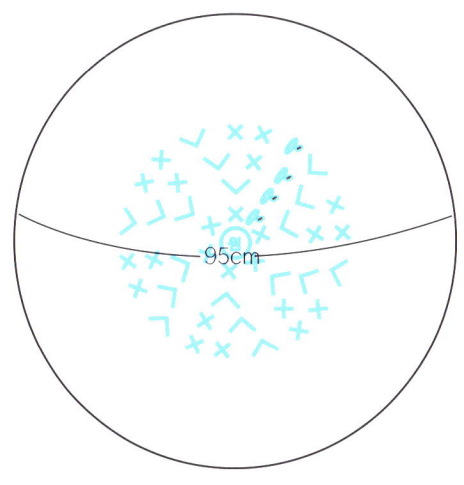

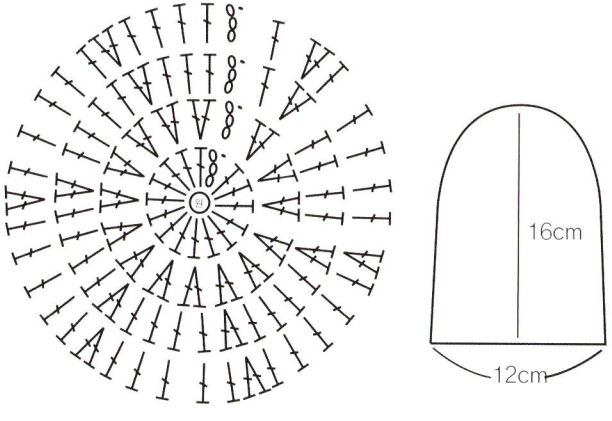

러그뜨기

① 원형뜨기 늘림으로 처음 짧은뜨기 6코로 시작한다.
② 6코. 12코. 18코… 규칙적으로 늘려 주며 32단까지 뜬다.
③ 늘림 없이 2단 더 떠 준다(192코).
④ 꽃잎 없이 지름 95cm가 된다.

꽃잎뜨기

① 원형뜨기로 기둥코+1길긴뜨기 15코로 시작한다.
② 기둥코를 제외하고 2코씩 늘려 준다.
③ 3번째 단은 4코에 코 늘림을 1번 해 준다.
④ 4번째 단은 5코에 1번씩 늘려 준다.
⑤ 5~15단은 늘림 없이 1길긴뜨기로 뜬다.
⑥ 16번째 단은 솜을 넣고 합봉하여 짧은뜨기로 마무리한다.
⑦ 9개 뜨고 16개는 천으로 바느질하여 만들어 준다.

꽃잎붙이기

① 꽃잎을 러그 본체에 둘러 색을 배치해 준다.
② 본체에 바느질로 이어서 완성한다.

은상

동글동글 왕사탕 담요와 쿠션
오성숙

- **사용실과 사용량** : 각종 모사와 혼방 약 2,000g
- **사용 도구** : 모사용 코바늘 0/6호
- **사이즈** : 담요(30cm x 160cm), 쿠션(45cm x 45cm)
- **난이도** : ★ ★ ★ ☆ ☆   **작품 사진** : 37쪽

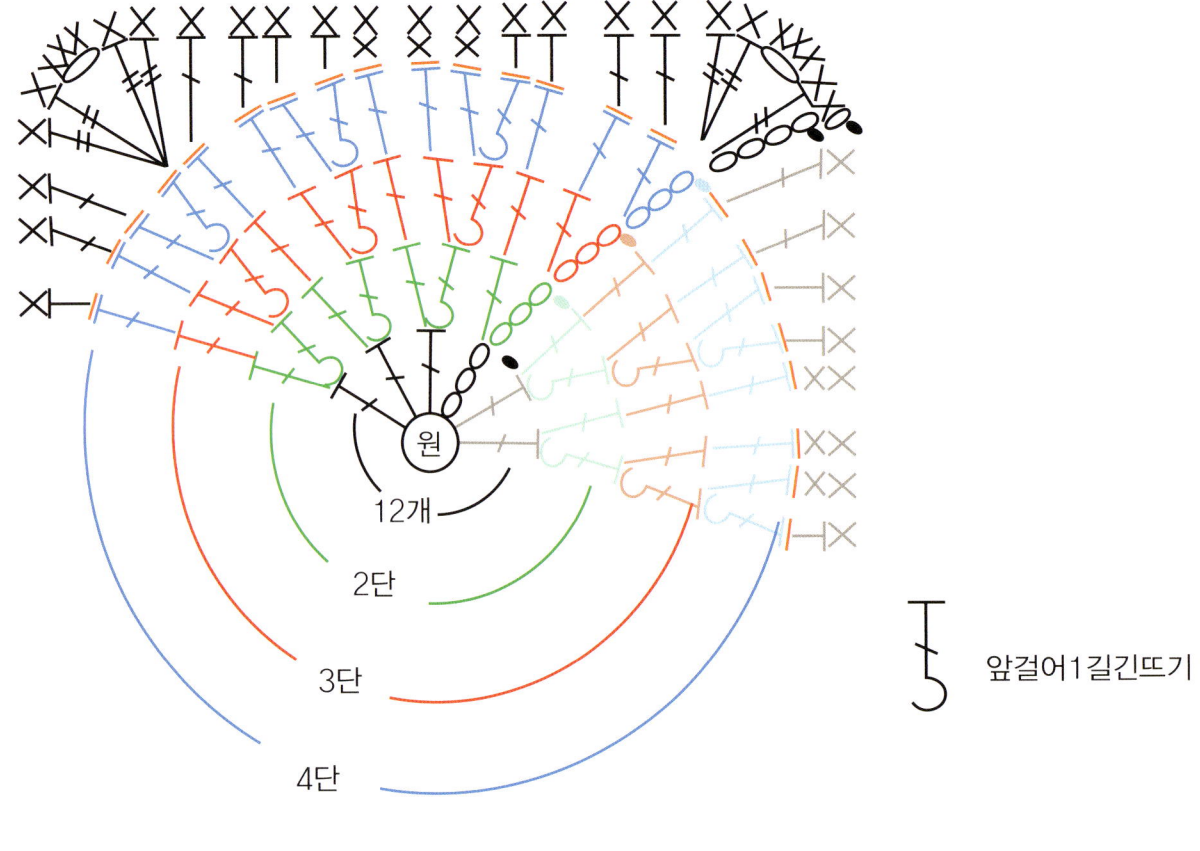

작은 네모 모티브

원형 모티브 부분

① 1단 : 1길긴뜨기를 총 12개 만들어 빼뜨기로 원이 되도록 이어 준다.
② 2단 : 앞걸어1길긴뜨기, 1길긴뜨기 → 총 12번, 빼뜨기
③ 3단 : 앞걸어1길긴뜨기, 1길긴뜨기 2개 → 총 12번, 빼뜨기
④ 4단 : 앞걸어1길긴뜨기, 1길긴뜨기 3개 → 총 12번, 빼뜨기

흰색 네모 테두리 부분

① 5단 : 모서리 기둥에서 시작하는데 원형 모티브 제일 끝단의 사슬뜨기 모양이 나오도록 기둥 뒤에 바늘을 넣어 이랑뜨기로 뜬다.
2길긴뜨기 2, [사슬뜨기 1, 2길긴뜨기 2, 1길긴뜨기 2, 긴뜨기 2, 짧은뜨기 3, 긴뜨기 2, 1길긴뜨기 2, 2길긴뜨기 2] → 총 4번
[ ]가 네모의 한 변이 된다. 네모의 모서리 부분인 2길긴뜨기2, 사슬뜨기, 2길긴뜨기2는 모두 모서리 기둥 1코에 떠야 한다.
② 6단 : 네모 전체를 흰색 실로 짧은뜨기로 둘러 주는데 모서리의 사슬1코에는 짧은뜨기 3개를 한다.

담요 큰 네모 모티브 만들기

① 작은 네모 모티브는 2장을 겉면이 보이게 마주 잡고 제일 끝줄에 보이는 사슬무늬의 반쪽씩을 빼뜨기로 연결하여 4장을 연결한다.
② 작은 네모 모티브 4장을 연결하고 전체를 이랑1길긴뜨기로 둘러 준 뒤 갈색 실로 짧은뜨기로 1단을 더 뜨는데 모서리 부분은 1코에 짧은뜨기를 3개씩 뜬다.

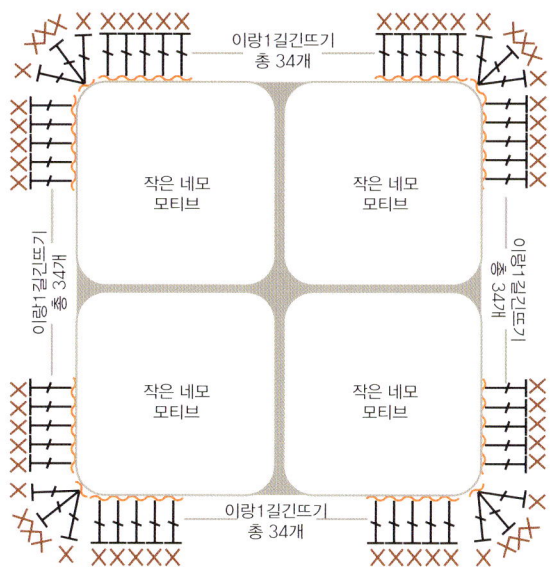

모티브 연결하여 담요 만들기

① 큰 네모 모티브를 가로 4장, 세로 5장으로 배열하여 작은 네모 모티브를 연결할 때처럼 갈색 실로 사슬무늬 반쪽씩을 빼뜨기로 연결한다.
② 연결된 20개의 큰 네모 모티브는 갈색 실로 이랑긴뜨기 2단, 이랑짧은뜨기 1단을 둘러 마무리한다.
③ 가로, 세로로 큰 네모 모티브를 연결할 때에 동그란 모티브 색상이 같은 줄에 겹치지 않도록 주의한다.

[담요 만들기]

쿠션 만들기

① 작은 네모 모티브는 2장을 겉면이 보이게 마주 잡고 제일 끝줄에 보이는 사슬무늬의 반쪽씩을 빼뜨기로 연결하여 4장을 연결한다.

② 작은 네모 모티브 4장을 연결하고 전체를 이랑1길긴뜨기로 둘러 준 뒤 갈색 실로 짧은뜨기로 1단을 더 뜨는데 모서리 부분은 1코에 짧은뜨기를 3개씩 뜬다.

③ 테두리 두르기 : 9장으로 연결한 쿠션의 앞면, 뒷면은 각각 이랑긴뜨기를 2단 한다(모서리 코는 1코당 3코를 떠 준다). 2장 모두 테두리를 다 두르고 난 뒤, 2장을 겹쳐 짧은뜨기를 하여 이어 준다. 3모서리만 연결한 후, 쿠션 속을 넣고 나머지 한 부분도 짧은뜨기로 연결하여 마무리해 준다.

본상

모노톤 블랭킷

김혜경 빨간망토

사용실과 사용량 : 빈센트8피 검은색 400g, 흰색 400g, 회색 400g, 진회색 400g

사용 도구 : 모사용 코바늘 5/0호

사이즈 : 120cm x 95cm **난이도 :** ★ ★ ★ ☆ ☆

작품 사진 : 38쪽

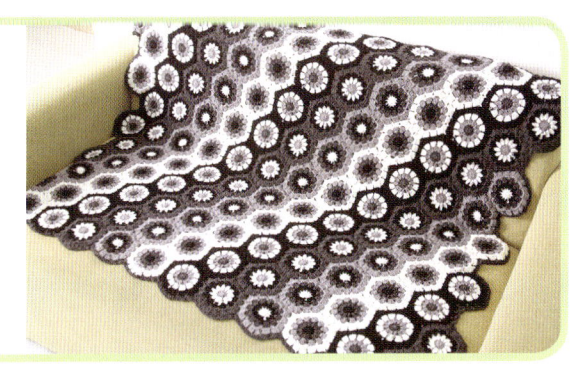

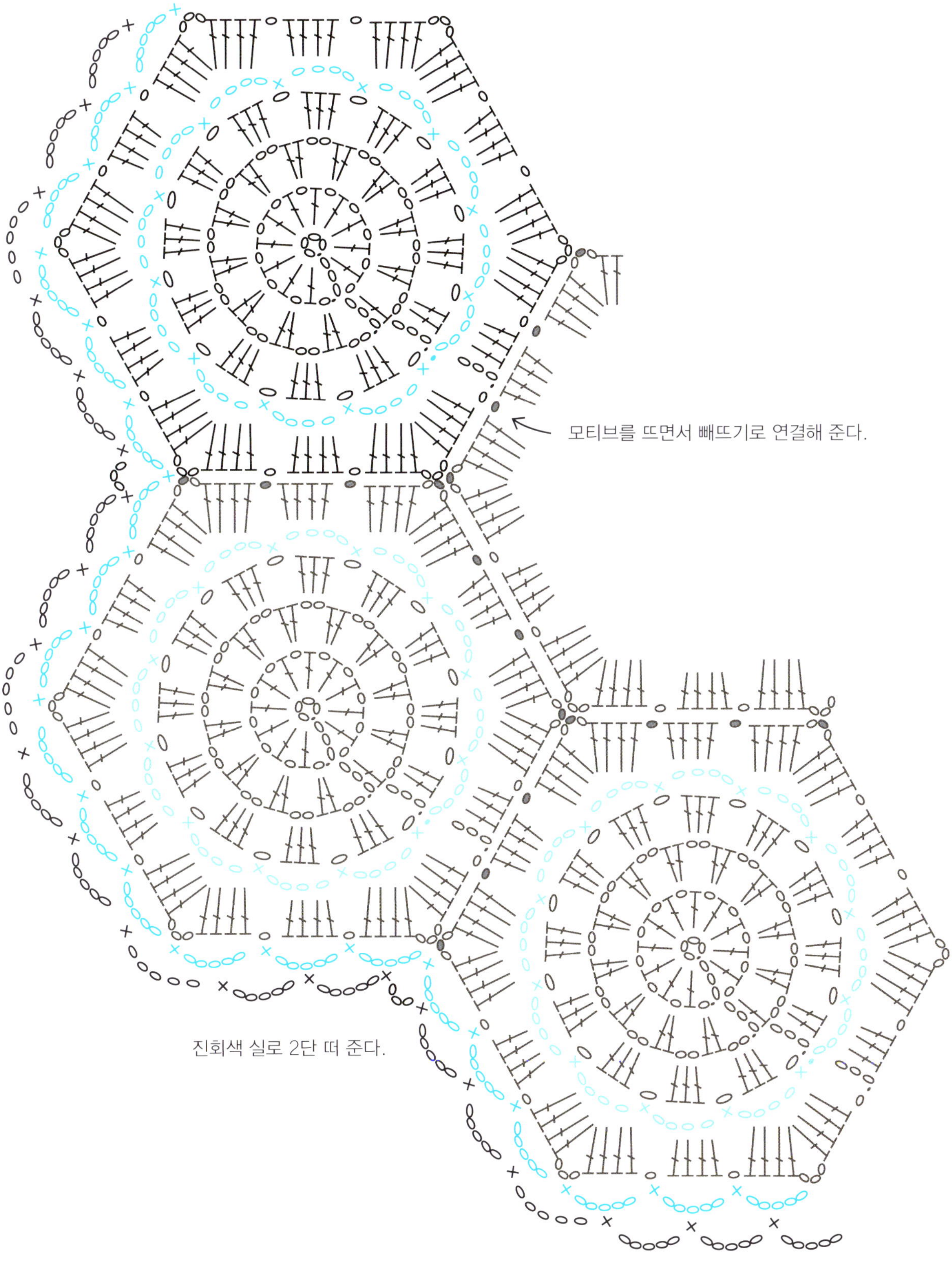

모티브를 뜨면서 빼뜨기로 연결해 준다.
진회색 실로 2단 떠 준다.

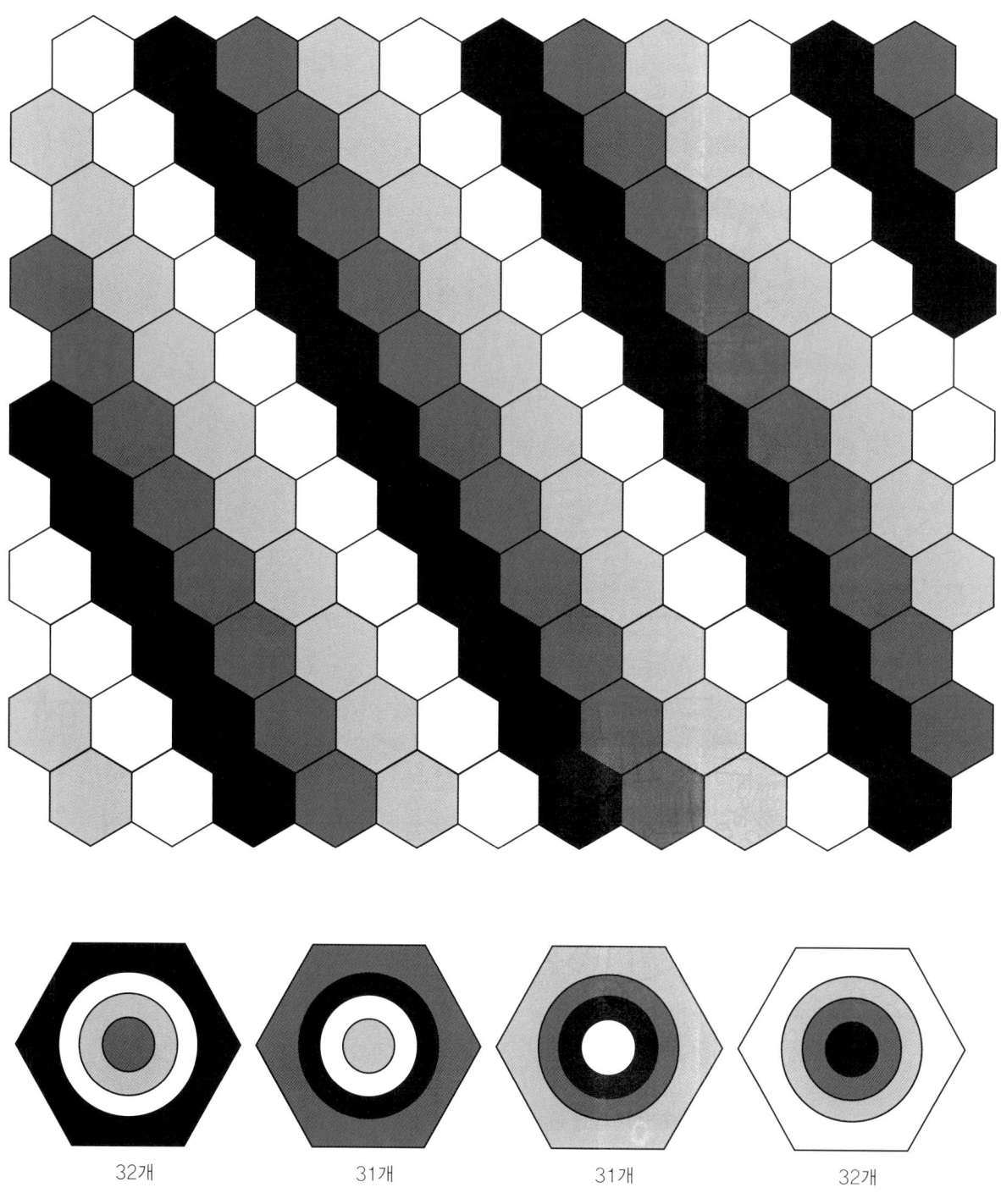

32개　　31개　　31개　　32개

총 126개

사선 블랭킷

김혜경

- **사용실과 사용량** : 빈센트3피 21가지 색상 각 60g씩, 다크블루색 180g
- **사용 도구** : 모사용 코바늘 4/0호, 5/0호
- **사이즈** : 118cm x 98cm   **난이도** : ★ ★ ★ ☆ ☆
- **작품 사진** : 39쪽

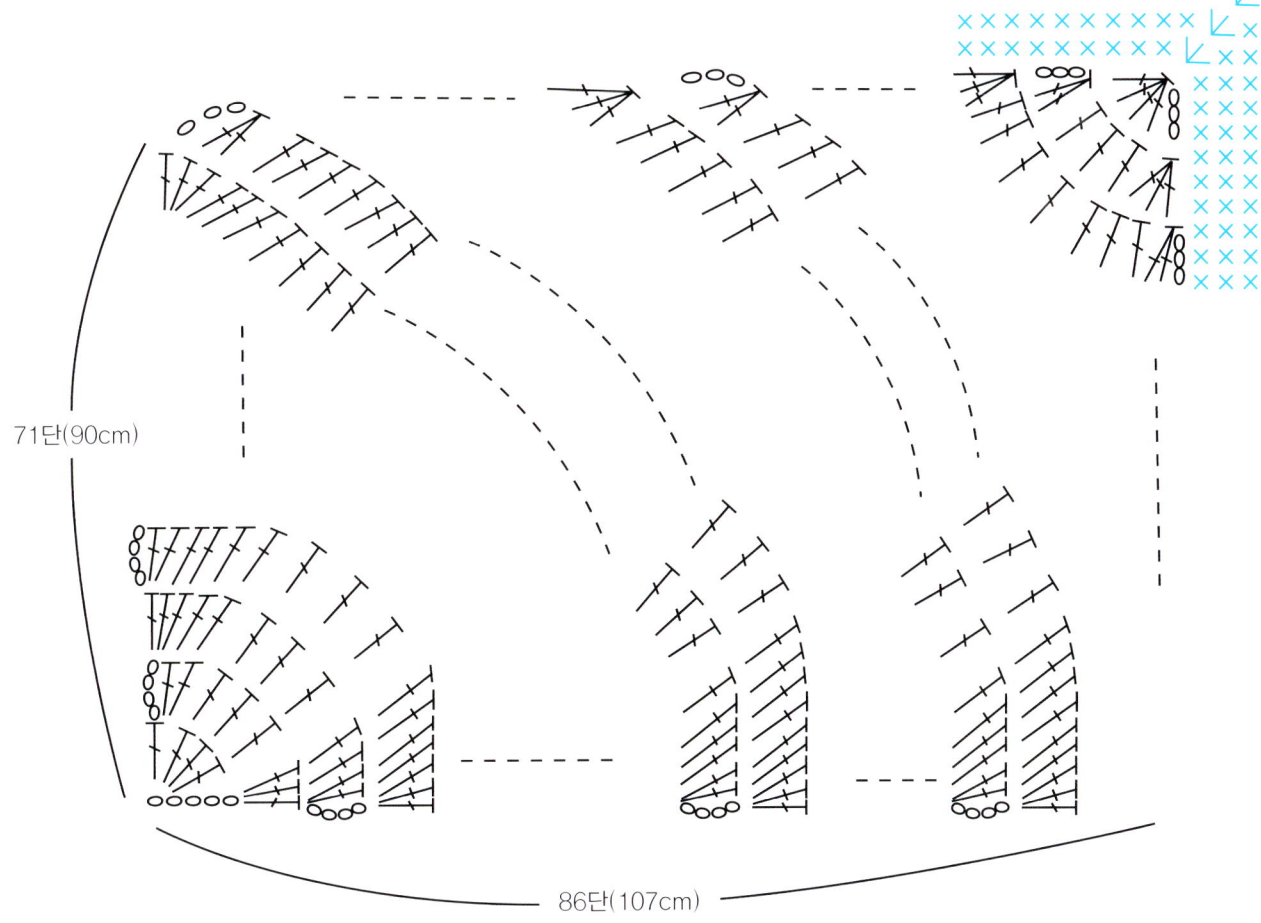

71단(90cm)

86단(107cm)

뜨는 법

① 5/0호 바늘로 양쪽 끝에서 2코씩 늘리면서 뜬다.

② 처음과 마지막 색상은 5단. 나머지 색상은 3단씩 뜬다.

③ 가로는 86단까지. 세로는 71단까지 늘려 주고 한쪽에서 2코씩 줄여 준다.

④ 테두리는 4/0호 바늘로 8단. 다음 색으로 3단을 떠서 마무리한다.

색상 순서

디프베이지 5단-러브토마토-레드-와인-레드-러브토마토-디프베이지-
베이지-인디핑크-라일락-바이올렛-다크바이올렛-바이올렛-라일락-인디핑크-베이지-
앤티크베이지-머스터드-옐로그린-올리브-그린-다크그린-그린-올리브-옐로그린-머스터드-앤티크베이지-
화이트-파스텔블루-스카이블루-엘리스블루-다크블루-헌터그린-다크블루-엘리스블루-스카이블루-파스텔블루-화이트-
베이지-인디핑크-라일락-바이올렛-다크바이올렛-바이올렛-라일락-인디핑크-베이지-
디프 베이지-러브토마토-레드-와인 5단

테두리 : 다크블루 8단 - 네이비 3단

온상

양면 과일 현관 매트
배 경 숙

사용실과 사용량 : 순면콘사 18합 빨간색 500g · 초록색 300g · 흰색 100g · 검은색 약간
사용 도구 : 모사용 코바늘 3/0호
사이즈 : 101cm x 47cm   **난이도** : ★ ★ ★ ☆
작품 사진 : 40쪽

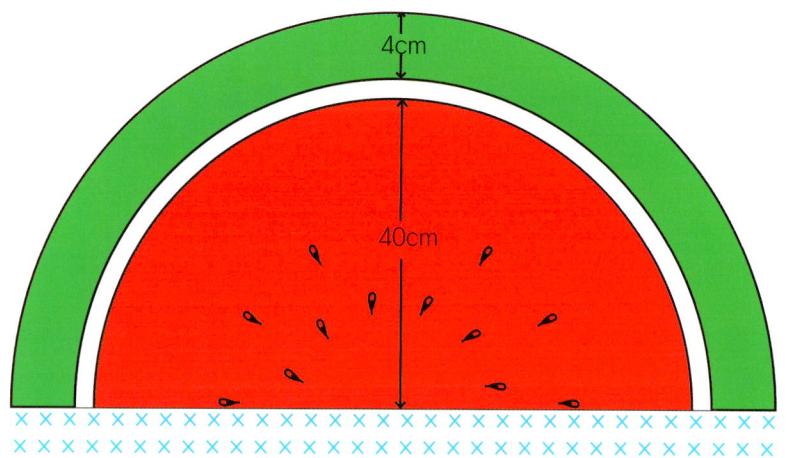

수박 만들기

① 빨간색 실로 도안을 참조하여 40cm가 될 때까지 반달 모양으로 늘린다.
② 흰색 실로 짧은뜨기로 코 늘림 없이 4단 떠 준다.
③ 초록색 실로 짧은뜨기를 20코에 1코씩 늘려 주면서 4cm가 될 때까지 뜬다.
④ 아랫부분은 짧은뜨기를 2단 떠 주고 반원 둘레는 되돌아뜨기로 마무리해 준다.
⑤ 수박씨 만들기 : 검은색 실을 돗바늘에 꿰어 체인스티치로 빨간색 부분에 원하는 만큼 수를 놓아 준다.

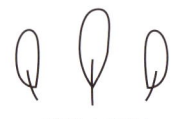

체인스티치
[씨 부분]

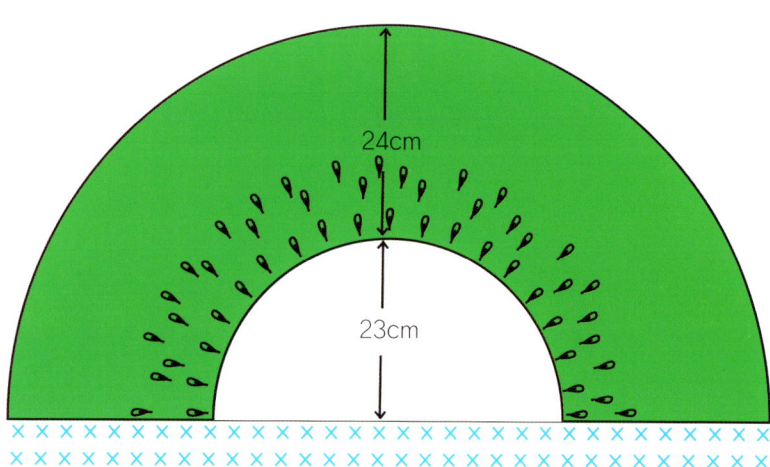

키위 만들기

① 수박과 같은 크기로 만들지만 색상의 순서와 비율을 달리 해 준다.
② 키위씨는 수박과 다르게 모여 있으므로 검은색 실을 돗바늘에 꿰어 흰색 바로 윗부분에 체인스티치로 작고 촘촘하게 수놓는다.
③ 아랫부분은 짧은뜨기를 2단 떠 주고 반원 둘레는 되돌아뜨기로 마무리해 준다.
④ 2장을 단끼리 맞대어 감침질로 꿰매 준다.

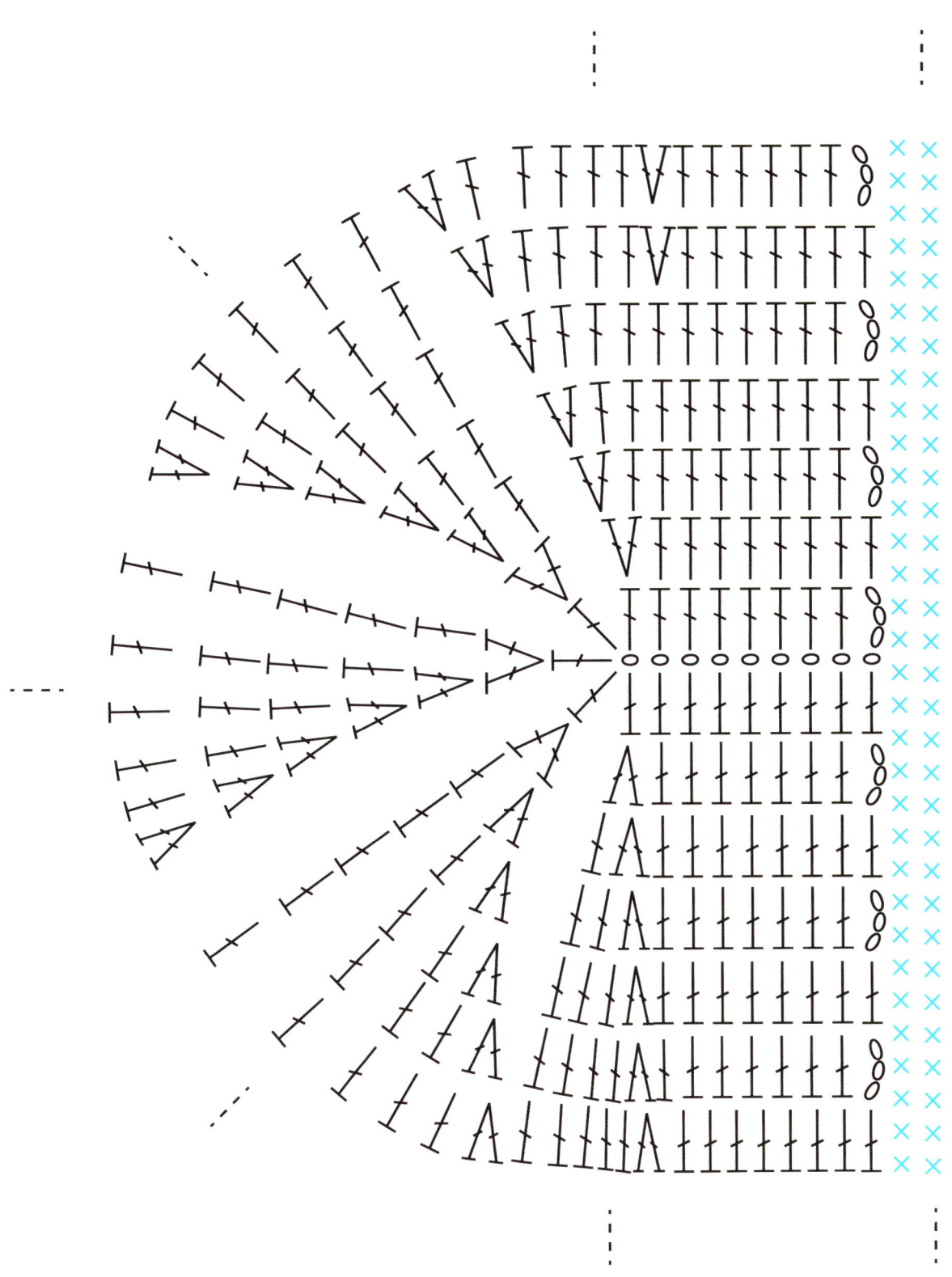

반달 모양 뜨기

내 사랑 카펫

배 경 숙 모니러자

사용실과 사용량 : 순면콘사18합 흰색120g, 여러 가지 색상 약간씩
사용 도구 : 모사용 코바늘 3/0호
사이즈 : 120cm x 170cm **난이도** : ★ ★ ★ ★ ★
작품 사진 : 41쪽

모티브

① 원하는 색상으로 모티브를 뜬다.
② 파란색 부분은 흰색 실로 1장씩 연결하면서 뜬다.
③ 총 216장 만들어 준다.

테두리

① 흰색 실로 짧은뜨기를 2번 둘러 떠 준다.
② 아래쪽은 흰색 실로 짧은뜨기로 5cm 정도 산 모양으로 더 떠 준다.

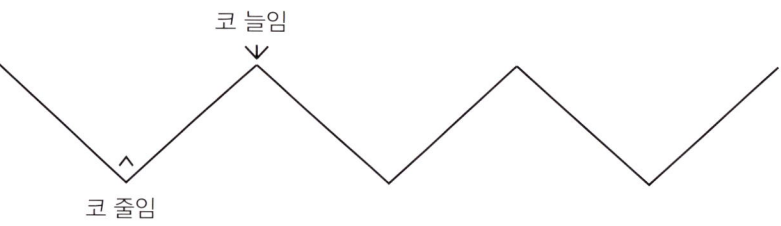

③ 흰색 부분에 알파벳을 붙여 준다.
④ 파란색 실로 짧은뜨기를 전체를 한 번 더 둘러 주고 되돌아뜨기로 마무리한다.

알파벳 도안

화려한 캔꼭지 문발

배 경 숙

사용실과 사용량 : 순면 30수 흰색 80g, 노란색 60g, 연두색, 베이지색, 검은색 약간씩
사용 도구 : 레이스용 코바늘 2호
부자재 : 캔꼭지 180개, 글루건, 구슬 360개 **사이즈** : 82cm x 98cm
난이도 : ★ ★ ☆ ☆ **작품 사진** : 42쪽

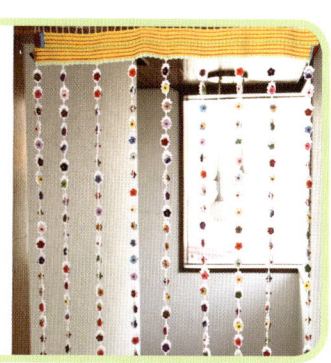

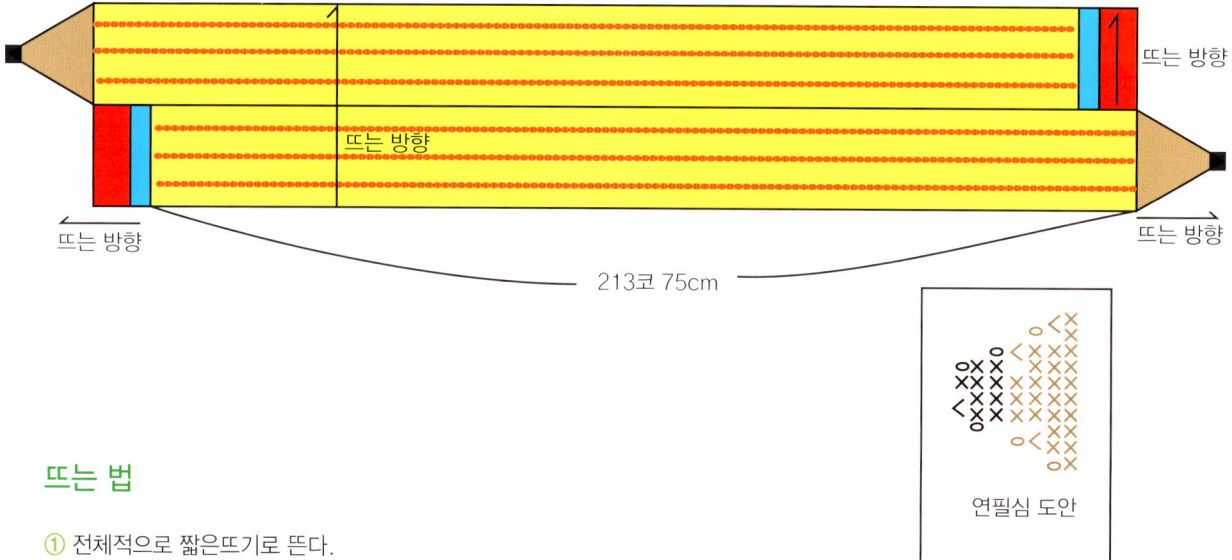

뜨는 법

① 전체적으로 짧은뜨기로 뜬다.
② 연필과 연필 사이는 연두색 실로 1단을 떠서 구분지어 준다(연필 하나당 10단, 총 21단).
③ 아래쪽 연필 지우개 부분은 몸통을 뜨고 난 뒤 코를 주워서 떠 주고(파란색 2단, 빨간색 3단). 위쪽 연필 지우개 부분은 아래쪽 연필 몸통에서 코를 주워 위로 떠 준다(파란색 2코, 빨간색 3코로 10단).
④ 연필심 부분은 몸통에서 코를 주워 뜬다.
⑤ 몸통 위에 갈색 실로 그림의 주황색 부분에 빼뜨기(●)를 하여 연필을 완성한다.

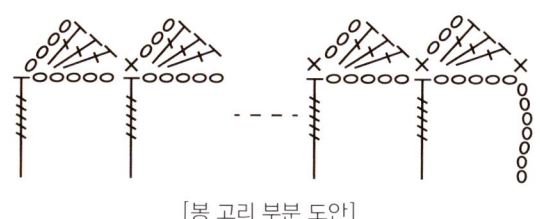

[봉 고리 부분 도안]

봉 고리 끼우는 부분은 기둥이 45개가 되도록 연필 윗부분에 떠 준다.

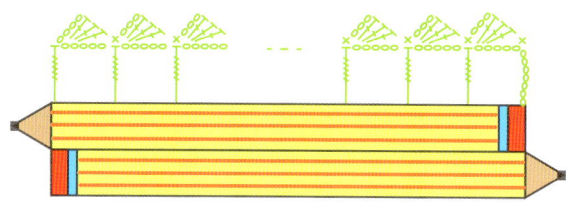

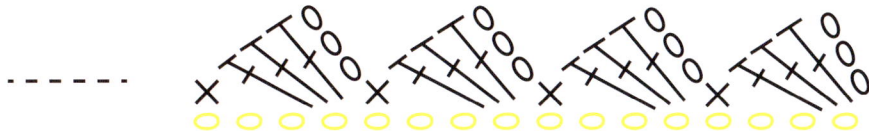

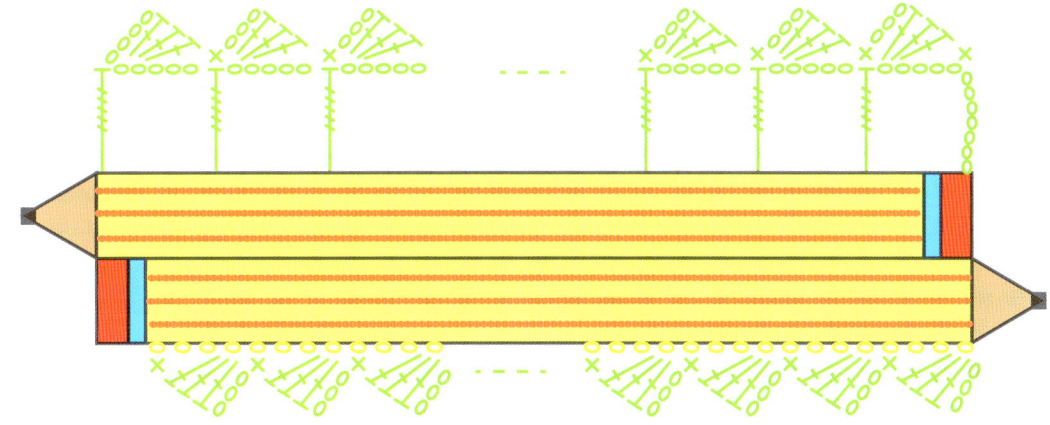

아래 무늬

① 몸체에서 바로 떠 준다.

캔꽃 만들기

① 캔꼭지에 코바늘로 짧은뜨기를 돌려 가면서 뜬다(28코).
② 2번째 단은 3코마다 피코뜨기를 하면서 위아래에 고리식으로 다음 캔꼭지를 연결하면서 뜬다(180개).
③ 작은 꽃은 여러 가지 남은 실로 만들어 장식 구슬과 함께 글루건으로 붙여 준다(양면에 붙여 총 360 송이).

은상

고양이의 하루

임 소 령

사용실과 사용량 : 순모 갈색 40g·아이보리색 20g·자수용실 검은색·갈색 약간씩
사용 도구 : 3mm 대바늘
부자재 : 돗바늘, 솜을 넣기 위한 겸자, 지름 7cm의 원형으로 자른 두꺼운 종이
사이즈 : 22cm x 15cm   **난이도** : ★ ★ ★ ☆ ☆   **작품 사진** : 43쪽

뜨개는 겉뜨기부터 시작해서 메리야스뜨기를 원칙으로 한다.

머리 - 1장

① 갈색 실로 기본코 14코를 잡아 도안 1과 같이 뜬다.
② 26단까지 뜬 후 바늘에 남아 있는 14코를 돗바늘에 걸어 오므린다.
③ 옆선을 꿰맨 후, 속에 솜을 채워 마무리한다.

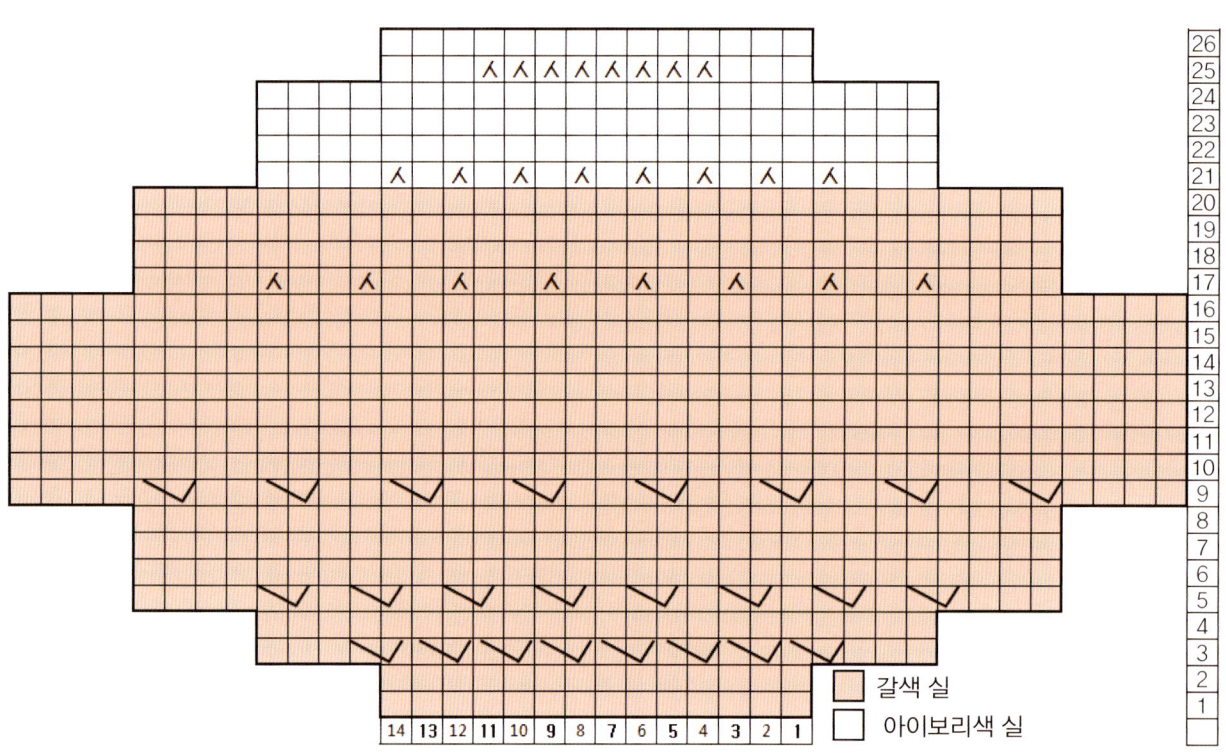

도안 1

몸통 - 2장

① 갈색 실로 15코를 잡아 메리야스뜨기로 2단 뜬다.
② 매 단 시작코와 끝코 1코씩 코늘임하기를 총 4단 뜬다(총 23코가 됨).
③ 아이보리색 실로 매 단 시작코와 끝코 코늘림하기를 총 2단 뜬다(27코).
④ 브라운색 실로 매 단 시작코와 끝코 코늘림하기를 총 4단 뜬다(35코).
⑤ 아이보리색 실로 매 단 시작코와 끝코 코늘림하기를 총 2단 뜬다(총 39코).
⑥ 브라운색 실로 매 단 시작코만 1코 코늘림하기로 총 4단 뜬다(43코).
⑦ 아이보리색 실로 메리야스뜨기로 2단. 갈색 실로 메리야스뜨기 4단. 아이보리색 실로 메리야스뜨기 2단 뜬다.
⑧ 브라운색 실로 매 단 시작코만 1코 줄이기로 총 4단 뜬다(39코).
⑨ 아이보리색 실로 매 단 시작코와 끝코 1코씩 줄이기로 총 2단 뜬다(35코).
⑩ 브라운색 실로 매 단 시작코와 끝코 1코씩 줄이기로 총 4단 뜬다(27코).
⑪ 아이보리색 실로 매 단 시작코와 끝코 1코씩 줄이기로 총 2단 뜬다(23코).
⑫ 브라운 색 실로 매 단 시작코와 끝코 1코씩 줄이기로 총 4단 뜬다(15코).
⑬ 메리야스뜨기로 2단 더 뜨고 코막음한다.
⑭ 옆선을 마주 보게 해서 꿰매는데 가운데에 지름 7cm로 자른 원형의 두꺼운 종이를 끼우고. 두꺼운 종이 주변을 둥글게 박음질하여 두꺼운 종이가 움직이지 않게 고정하고 창구멍으로 두꺼운 종이 주변에 솜을 넣어서 마무리한다.

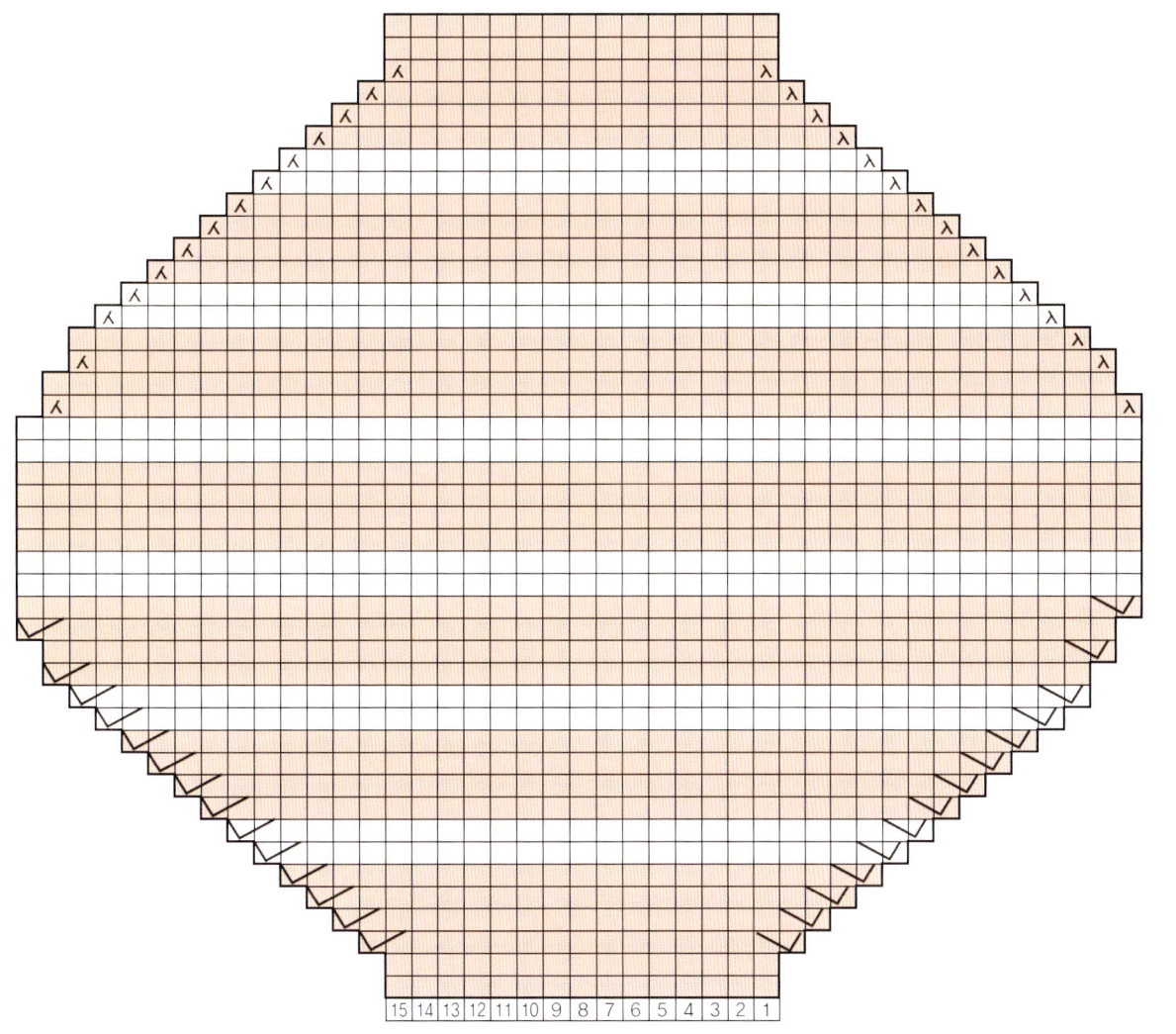

귀 – 2장

① 갈색 실로 8코를 잡아 메리야스뜨기로 2단을 뜬다.
② 매 단 시작코만 왼코겹치기를 총 4단 한다(총 4코가 됨).
③ 겉뜨기로 1단 뜬다.
④ 아이보리색 실로 교환하여 안뜨기로 1단 뜬다.
⑤ 매 단 시작코만 코늘림을 총 4단 한다(총 8코).
⑥ 겉뜨기로 1단 뜨고 코막음한다.
⑦ 옆선만 꿰맨다.

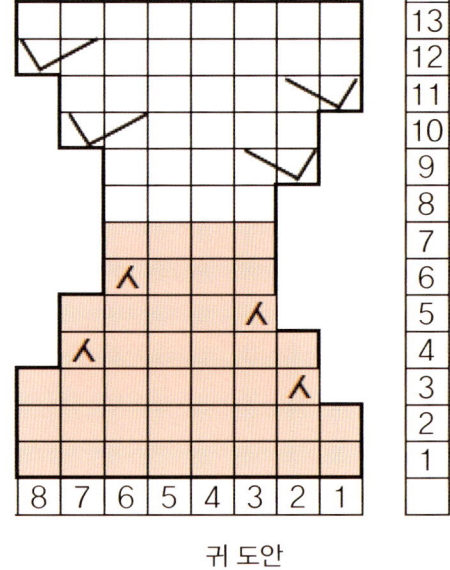

귀 도안

손 – 2장

① 갈색 실로 14코를 잡아 메리야스뜨기로 4단을 뜬다.
② 아이보리색 실로 메리야스뜨기로 2단을 뜬다.
③ 갈색 실로 메리야스뜨기로 4단을 뜬다.
④ 아이보리색 실로 메리야스뜨기로 2단을 뜬다.
⑤ 갈색 실로 메리야스뜨기로 4단을 뜨고 돗바늘에 실을 걸어 남은 코 사이에 통과시켜 당겨서 오므린다.

발 – 2장

① 갈색 실로 17코를 잡아 메리야스뜨기로 4단을 뜬다.
② 아이보리색 실로 메리야스뜨기로 2단을 뜬다.
③ 갈색 실로 메리야스뜨기로 4단을 뜬다.
④ 아이보리색 실로 메리야스뜨기로 2단을 뜬다.
⑤ 갈색 실로 메리야스뜨기로 4단을 뜨고 돗바늘에 실을 걸어 남은 코 사이에 통과시켜 당겨서 오므린다.

꼬리 – 1장

① 갈색 실로 15코를 잡아 메리야스뜨기로 4단을 뜬다.
② 아이보리색 실로 메리야스뜨기로 2단, 갈색 실로 메리야스뜨기로 4단을 뜬다.
③ ②를 3번 더 반복한다.
④ 돗바늘에 실을 걸어 남은 코 사이에 통과시켜 당겨서 오므린다.

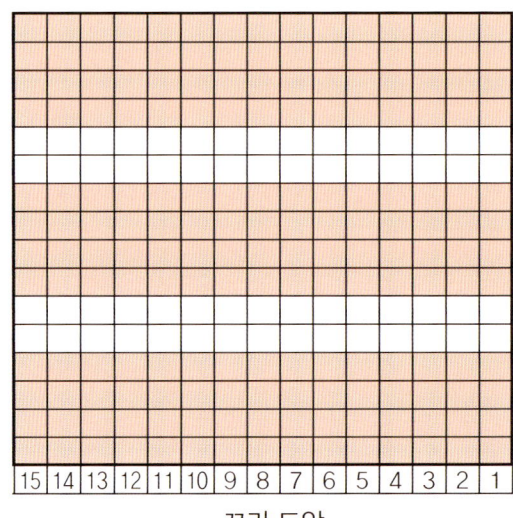

꼬리 도안

만드는 법

① 손. 발. 꼬리 각각 옆선을 꿰매고 솜을 살짝 넣어 준다.
② 몸통에 손. 발. 꼬리를 붙인 후 머리에 그림과 같이 자수로 표정을 넣어 준다.
③ 머리까지 몸통에 꿰매 완성한다.

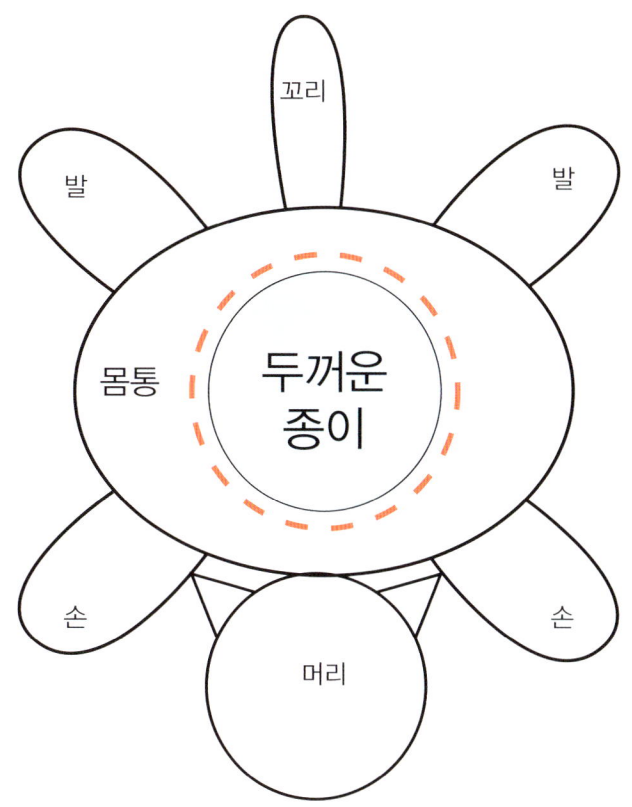

얼굴 표정 – 수를 놓아 표현

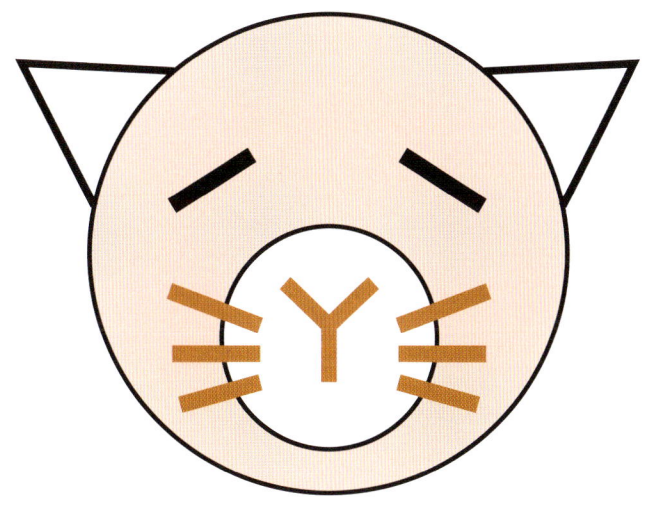

은상

인디언서머(가방)
장 미 선 소금쟁이

사용실과 사용량 : 혼방사 나염(2볼) 160g
사용 도구 : 모사용 코바늘 7/0호
사이즈 : 32cm x 40cm **난이도** : ★ ★ ☆ ☆ ☆
작품 사진 : 44쪽

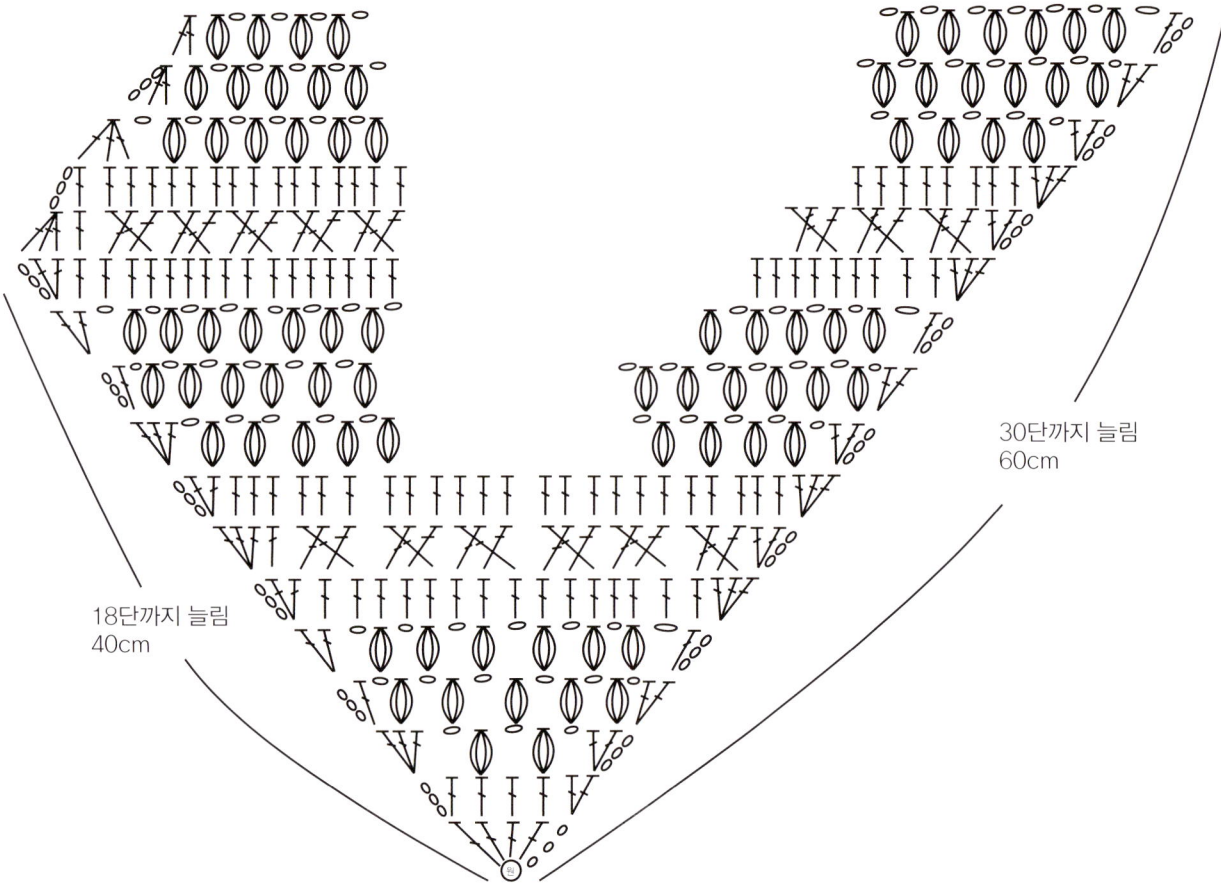

30단까지 늘림
60cm

18단까지 늘림
40cm

무늬뜨기

① 원을 만들어 사슬코 3코로 기둥코를 뜬 뒤 1길긴뜨기 4코를 뜬다.
② 양쪽에서 코늘림을 하면서 18단까지 늘려 준다.
③ 19단부터 왼쪽은 1단에 2코 먼저 1번 줄이고 1단에 1코 1번 2단에 2코 2번을 반복하고 오른쪽은 30단까지 계속 늘려 준다.
④ 31단째부터 오른쪽도 줄이기 시작하여 마지막에 5코가 남으면 한꺼번에 코줄임을 한다.
⑤ 완성되면 길이가 긴 쪽에 짧은뜨기로 2단에 5코를 주워 1단 뜨고. 반을 접어 빼뜨기로 이어 준다.

가방 덮개

① 입구 쪽을 짧은뜨기로 2단에 5코를 주워 2단을 뜬다. 3번째 단부터는 2중짧은뜨기로 원하는 길이만큼 뜬다.
② 원하는 길이의 3단 전쯤에 중간에 단춧구멍을 만들어 준다.
③ 원하는 길이가 되면 되돌아짧은뜨기로 1단을 떠서 마무리한다.
④ 기호에 따라 직접 안감을 넣거나 전문점에 의뢰하면 좋다.

인디언서머(블랭킷)

장미선

사용실과 사용량 : 혼방사 니염(24볼) 1,920g
사용 도구 : 모사용 코바늘 7/0호
사이즈 : 100cm × 166cm   **난이도** : ★★☆☆☆
작품 사진 : 45쪽

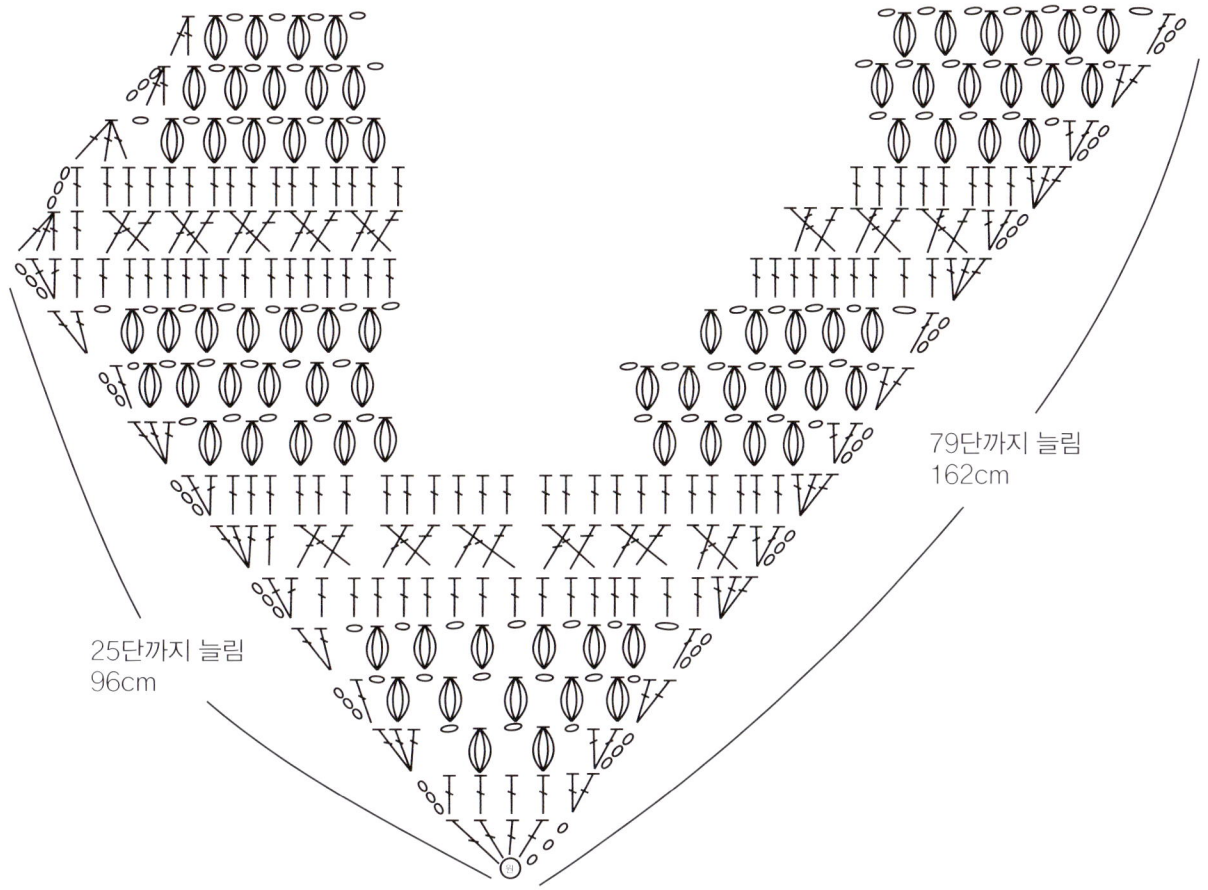

79단까지 늘림
162cm

25단까지 늘림
96cm

무늬뜨기

① 원을 만들어 사슬코 3코로 기둥코를 세운 뒤 1길긴뜨기 4코를 뜬다.

② 양쪽에서 코늘림을 하면서 25단까지 뜬다.

③ 26단부터는 왼쪽은 코를 줄이고 오른쪽은 79단까지 계속 늘려 준다.

④ 80단째부터 오른쪽도 같이 줄인다.

⑤ 마지막 5코가 남으면 한꺼번에 코줄임을 한다( ).

⑥ 완성한 후 짧은뜨기로 2단에 5코를 주워 2단을 떠 주고 되돌아짧은뜨기로 마무리한다.

동상

모티브 코바늘 케이스
강하정 여성

사용실과 사용량 : 순면 흰색10g · 분홍색10g · 하늘색 30g
사용 도구 : 모사용 코바늘 2/0호, 3/0호, 레이스용 코바늘 4호
부자재 : 원단, 단추, 안감 **사이즈** : 27.5cm x 17cm
난이도 : ★ ★ ★ ☆ ☆ **작품 사진** : 46쪽

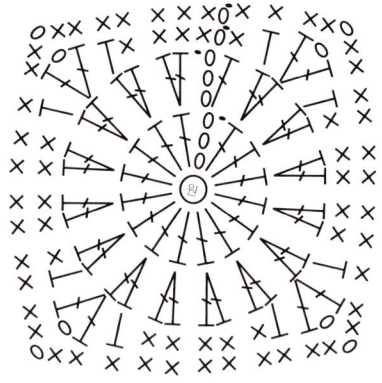

모티브 뜨는 법

① 3/0호 바늘로 아래 배치도 색상에 따라 15장 뜬다.
② 모티브를 돗바늘로 연결해 준다.

테두리

① 모티브 1개당 14코씩 짧은뜨기가 들어가도록 하고 가장자리 모티브는 15코씩 되도록 한다.
② ①에 유의하면서 1바퀴 둘러 준다(가로 72코, 세로 44코).
③ 왼쪽 변만 빼고 되돌아짧은뜨기로 둘러 준다(모사용 코바늘 2/0호).

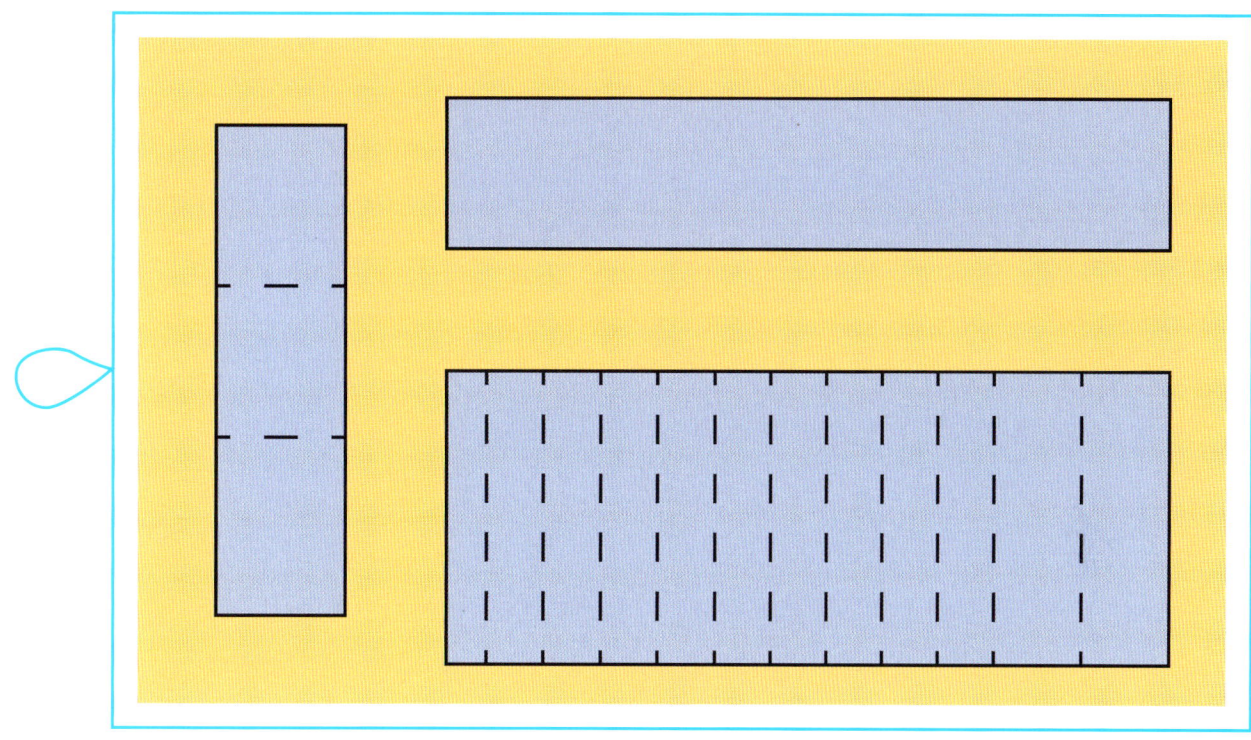

[바늘집 안쪽 배치도]

안감(안쪽 헝겊으로 만드는 부분)

① 베이지색 리넨 26cm x16cm
② 남색 패턴(상) 21cm x 4.5cm
③ 남색 패턴(하) 21cm x 9cm
④ 노란색 패턴 3.5cm x 15cm

※ 별도의 여밈끈

① 태팅실(10주)을 이용하여 레이스용 코바늘로 새우뜨기를 한다.
② 길이가 46cm가 되면 시작코에 빼뜨기를 하여 원을 만든다.
③ 배치도처럼 모두 연결한 뒤 3단으로 접어 뒷면이 되는 곳에 별도의 여밈끈을 바느질로 고정한다.

동상

꽃 모티브 베개 커버

이강미 냉눈

사용실과 사용량 : 면사 흰색과 여러 색상 약간씩
사용 도구 : 모사용 코바늘 3/0호
부자재 : 단추 4개, 돗바늘   **사이즈** : 48cm x 40cm
난이도 : ★★★☆☆   **작품 사진** : 47쪽

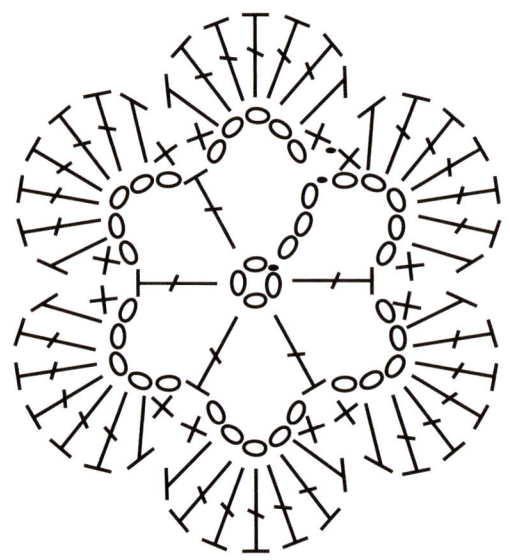

A모티브 4장

B모티브 2장

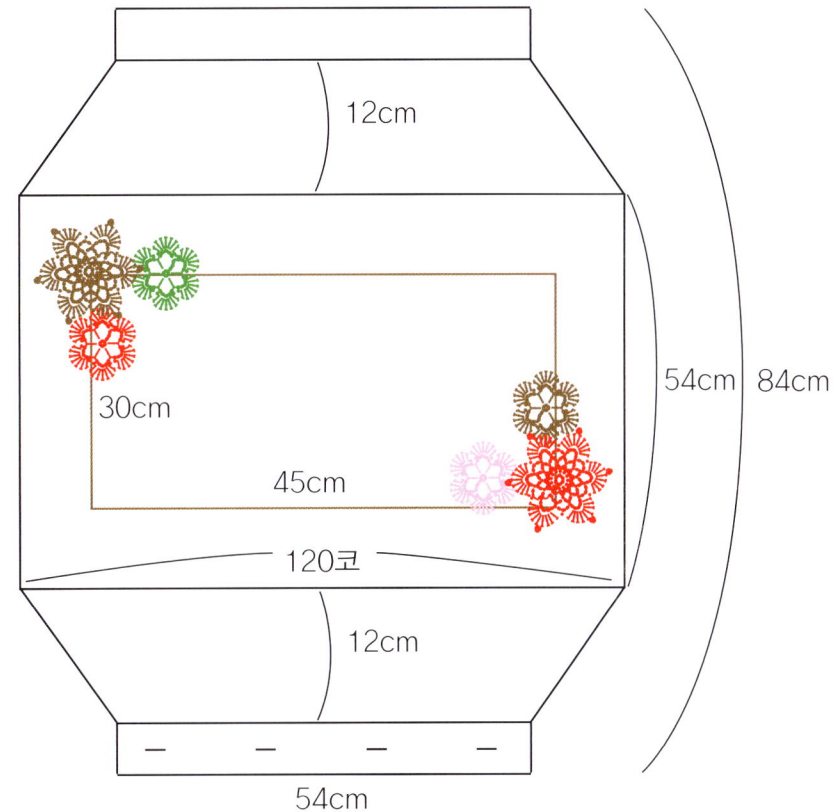

뜨는 법

① 사슬코 54코를 잡아 짧은뜨기 3cm가 되도록 뜬 후 양쪽에서 1코씩 늘리며 120코가 될 때까지 뜬다(33단).
② 120코 부분이 54cm가 되도록 뜨고. 양쪽에서 1코씩 줄이며 54코가 될 때까지 뜬다(33단).
③ 단춧구멍을 내며 3cm를 뜬 후. 실을 끊지 않고 짧은뜨기로 테두리를 1단 둘러 준 후 에징을 뜬다.
④ 몸판 가운데에 가로 45cm. 세로 30cm의 사각형을 몸판을 통과하는 사슬뜨기로 만들어 준다.
⑤ 모티브를 떠서 돗바늘로 붙여 준다.

단춧구멍

| 4코 | 2코 | 13코 | 2코 | 13코 | 2코 | 13코 | 2코 | 3코 |

테두리

이니스프리 백

최명옥 이쁜나비

사용실과 사용량 : 순면콘사 18합 파란색 200g·하늘색 200g
사용 도구 : 모사용 코바늘 3/0호 **부자재** : 단추, 안감
사이즈 : 33cm x 26cm **난이도** : ★ ★ ☆ ☆ ☆
작품 사진 : 48쪽

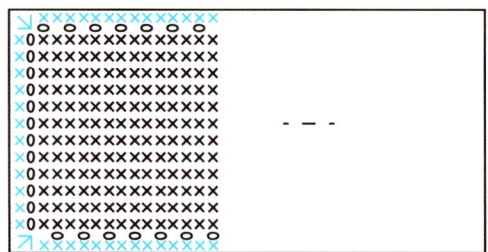

바닥

① 사슬코 12코를 잡아 짧은뜨기 56단을 뜬다.
② 테두리는 짧은뜨기로 둘러 주는데 모서리는 3코로 뜬다.
③ 짧은 쪽이 16코가 되도록 한다.

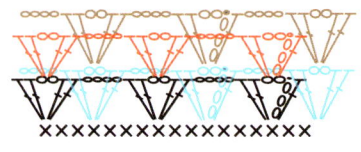

무늬

① 바닥 판에 바로 시작한다.
② 검은색이 1단, 하늘색이 2단, 붉은색이 3단, 밤색이 4단으로 1, 2단의 무늬가 합해져 1단으로 보인다.
③ 겹쳐서 안 보일 경우 오른쪽 도안을 참조한다.
④ 실을 끊지 말고 고리에 걸어 쉬게 하고 다시 사슬 기둥을 세워 떠 준다.

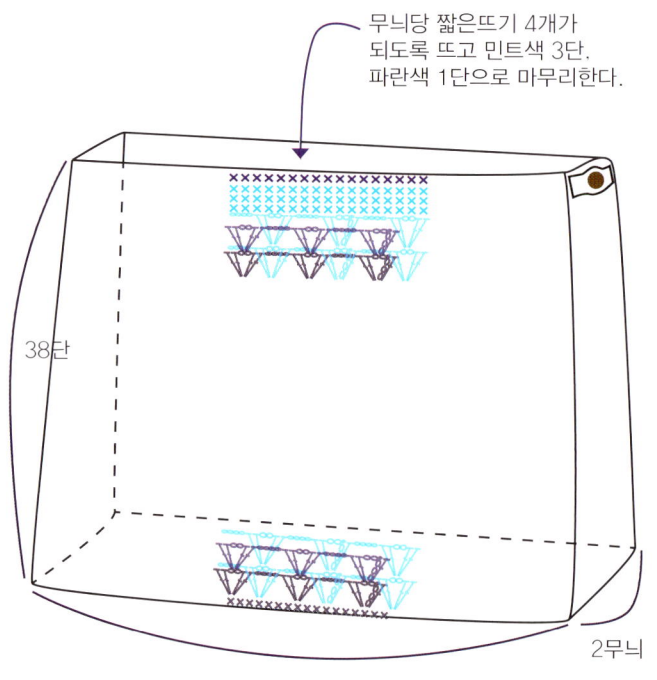

민트색을 기준으로 7무늬

가방무늬

롱크로스 어깨 끈 뜨기

① 파란색 실로 사슬코 4코, 기둥코 하나로 짧은뜨기를 108cm가 될 때까지 뜬다.
② 민트색 실로 짧은뜨기로 1바퀴 둘러 주고 양 끝에 단추를 달아 준다.
③ 단추에 아래 도안을 떠서 가방에 꿰매고 단추를 끼워 준다.
④ 가방 안에 안감을 대고, 손잡이를 달아 마무리한다.

손잡이 뜨기

① 민트색으로 사슬코 16코를 떠서 원으로 이어 준다.
② 짧은뜨기 12단을 뜨고 가방 무늬로 총 52단을 뜬다.
③ 다시 민트색으로 짧은뜨기 12단을 해준다(2개뜨기).

③ 도안

꽃무리 카시트커버

최명옥

사용실과 사용량 : 순면콘사 24합 보라색 900g · 분홍색 600g
사용 도구 : 모사용 코바늘 6/0호
부자재 : 단추 2.5cm 2개 **사이즈** : 46cm x 130cm, 67cm x 20cm
난이도 : ★ ★ ☆ ☆ ☆   **작품 사진** : 49쪽

10코

등받이시트

① 사슬코 71코로 시작하여 7무늬를 90단까지 떠서 길이를 맞춰 준다.

머리받이시트

① 26코를 잡아서 2.5 무늬를 44단 뜬다.
② 마무리 후 단추를 달아 준다.

※ 의자에 묶는 끈 : 사슬뜨기 200코
  등받이 앞뒤 묶는 끈 : 사슬뜨기 80코

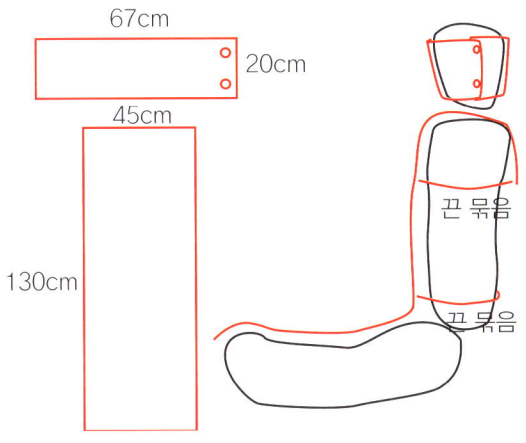

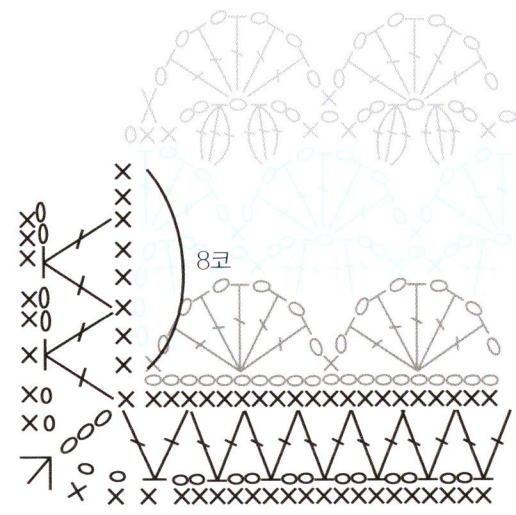

8코

테두리

① 4단에 짧은뜨기 8코가 되도록 둘러 준다. 3의 배수가 되도록 맞춰 준다.
② 도안에 맞춰 뜬다.

이니스프리 물병커버, 이니스프리 컵커버

최 명 옥 이쁜나비

사용실과 사용량 : 순면콘사 18합 녹색 25g·연노란색 60g, 하늘색 35g
사용 도구 : 모사용 코바늘 3/0호
사이즈 : 13cm x 12cm, 13cm x 17cm
난이도 : ★★☆☆☆ **작품 사진** : 50쪽

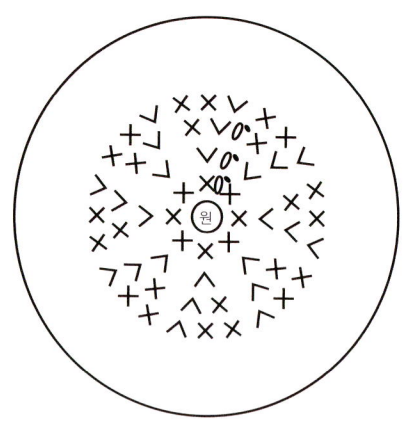

바닥

① 원형뜨기 짧은뜨기 8코로 시작한다.
② 매 단마다 8코씩 늘려 준다.
③ 7단까지 떠 56코로 만들어 준다(하늘색 1장, 녹색 1장).

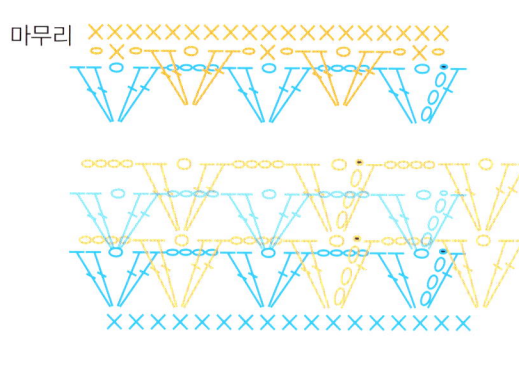

몸판

① 바닥에 이어서 도안대로 떠 준다.
② 2단이 1단처럼 보이는 무늬로 아랫단의 사슬을 감추면서 뜬다.
③ 컵커버는 17단, 물병커버는 25단까지 뜬다.
④ 컵커버는 되돌려 짧은뜨기로 완성한다.

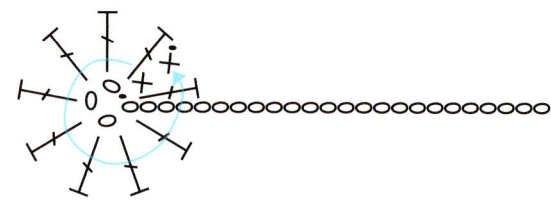

물병커버 끈

① 사슬뜨기 150코를 뜬다.
② 3코를 더 떠 원으로 이어 준다.
③ 짧은뜨기, 1길긴뜨기 8개, 짧은뜨기 위에 짧은뜨기를 하고 빼뜨기로 이어 준다.
④ 반대편도 똑같이 뜬다.

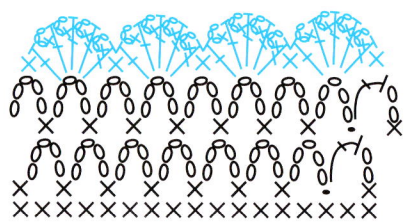

물병커버 테두리

① 몸판 ④에 이어서 사슬뜨기 5코, 짧은뜨기 1코를 반복하여 둘러 준다.
② 다음 단에 사슬뜨기 5코를 뜨고 아랫단 사슬코 짧은뜨기를 해 준다.
③ ②와 마찬가지로 사슬코에 짧은뜨기를 하고 다음 사슬코에 1길긴뜨기를 뜬다.
④ 1길긴뜨기에 사슬뜨기 3코 뜨고 기둥에 짧은뜨기를 해서 피코처럼 만들어 준다.
⑤ 1번째 사슬뜨기 단에 물병커버 끈을 끼워 완성한다.

동상

가을빛 책갈피
김사영

사용실과 사용량 : 면사 나염 약간
사용 도구 : 레이스용 코바늘 4호
사이즈 : 3cm x 35cm　**난이도** : ★★☆☆☆
작품 사진 : 51쪽

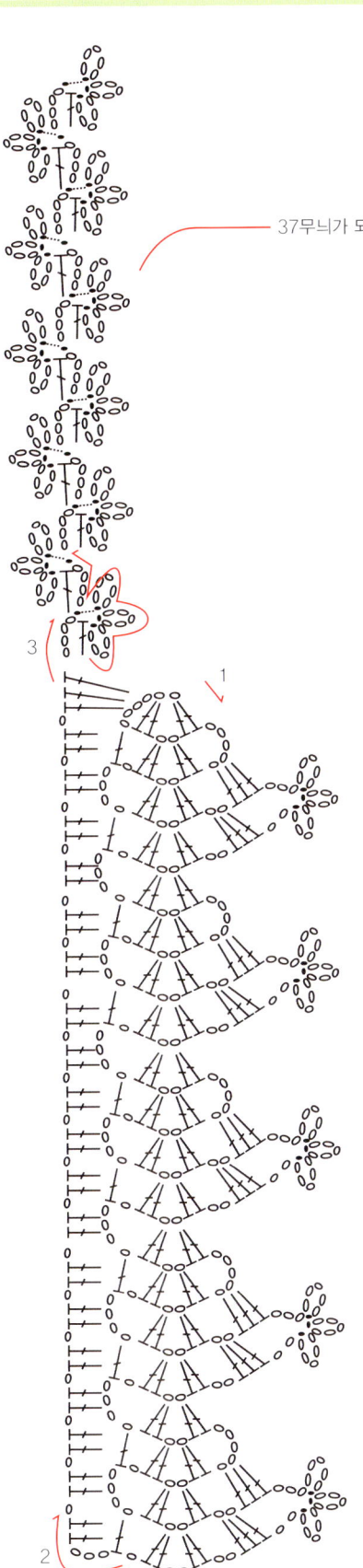

37무늬가 되도록 뜬다.

뜨는 법

① 사슬코 5코로 시작하여 도안대로 뜬다.
② 피코무늬가 5개 나올 때까지 뜬다.
③ 옆쪽에 1길긴뜨기 2번 사슬뜨기 1개를 1단에 뜬다.
　마지막 단에는 1길긴뜨기 3개 해준다.
④ 피코무늬가 37개 나올 때까지 뜨고 마무리한다.

동상

Baby 꿈나무

이 원 숙

사용실과 사용량: 하이디 노란색 3볼(240g)·하늘색 4볼(320g), 토마토 1볼(80g)
사용 도구: 대바늘 6mm
사이즈: 75cm x 105cm · **난이도**: ★ ★ ★ ☆ ☆
작품 사진: 52쪽

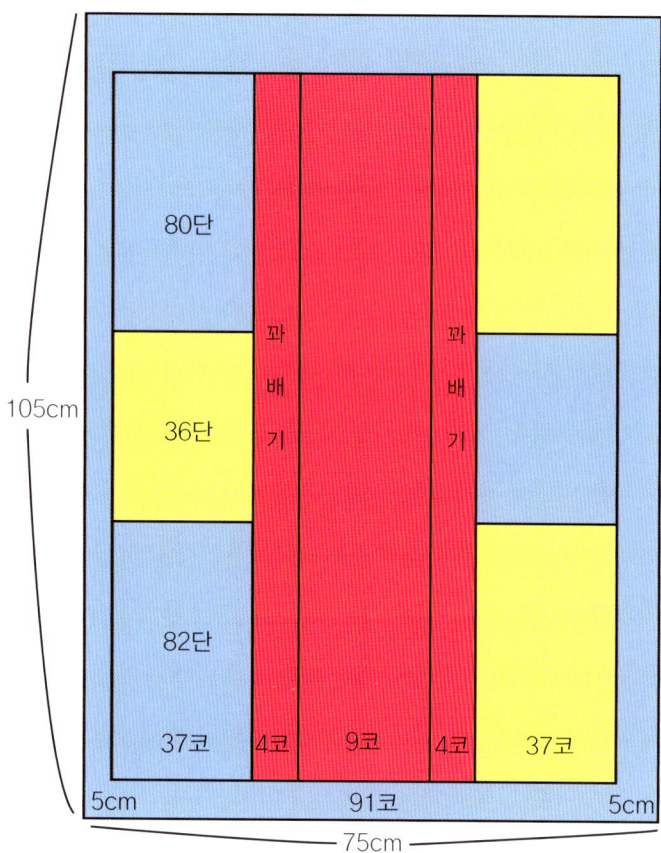

뜨는 법

① 시작코로 91코를 잡는다.

② 1~10단 : 하늘색 39코. 분홍색 13코. 노란색 39코로 메리야스뜨기를 해 준다(분홍색 실은 3겹으로 뜬다).

③ 11단 : 하늘색 37코 뜨고 하늘색과 분홍색 각 2코씩 총 4코를 꽈배기뜨기. 분홍색 9코를 뜨고 분홍색과 하늘색 2코씩 4코 꽈배기해 준다. 노란색 37코.

④ 12단 : 안뜨기로 떠 준다.

⑤ 13~24단 : 메리야스뜨기

⑥ 25단 : 꽈배기무늬뜨기(2 x 2)

⑦ 26단 : 안뜨기

⑧ ⑤~⑦을 6번 반복 후(12단짜리 꽈배기) 실색을 바꿔서 다시 꽈배기 3번 반복한다. 다시 실색을 바꿔 6번 반복해 준다.

⑨ 메리야스뜨기 8단을 떠서 마무리한다.

⑩ 옆부분에서 하늘색으로 122코를 주워 가터뜨기 10단 뜬다. 위아래에서도 코를 잡아 5cm 정도 가터뜨기로 완성한다.

꽈배기 도안

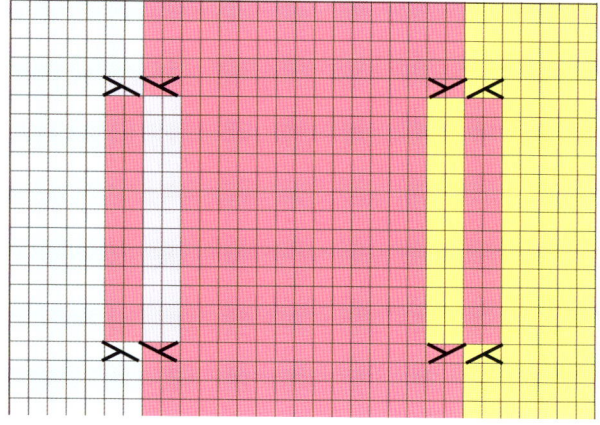

동상

도미노 담요
임성미

사용실과 사용량 : 나염사 300g
사용 도구 : 대바늘 6mm
사이즈 : 70cm x 70cm **난이도** : ★ ★ ☆ ☆ ☆
작품 사진 : 53쪽

모티브

① 23코를 잡아 1단부터 가운데 부분에서 3코모아뜨기를 한다.
② 메리야스 뜨되 홀수 단에서는 매번 가운데에서 3코모아뜨기로 줄여 준다.
③ 하나를 완성하면 도안 윗부분에서 코를 줍고 코를 잡아 22코를 만들어 똑같이 뜬다.
④ 쭉 위쪽에 이어 떠서 7개가 될 때까지 뜬다.
⑤ 다음으로는 1번째 모티브의 오른쪽 부분의 코를 주워 뜬다.
⑥ ③~④를 반복하여 총 49개를 뜬다.

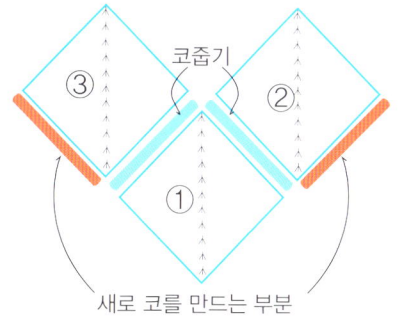

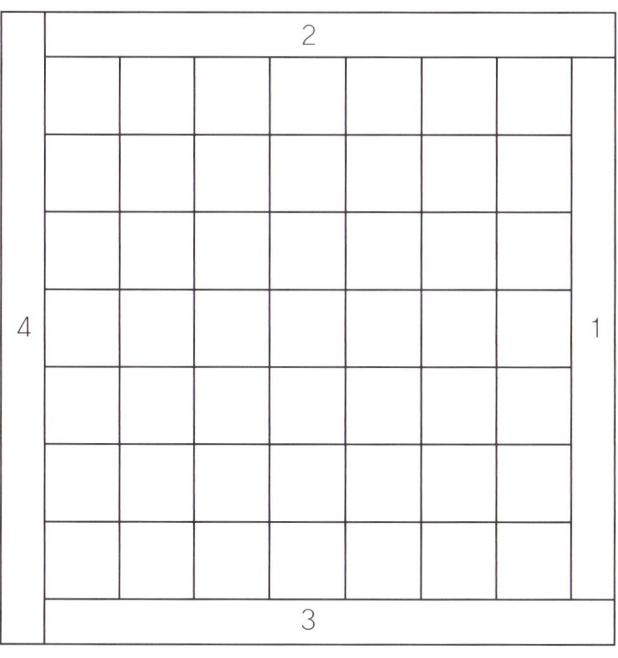

테두리

① 7개의 모티브에서 코를 주워 멍석뜨기로 11단을 뜬다.
② 위아래 부분은 ①에서 한 테두리 부분까지 코를 주워 멍석뜨기로 11단 떠 준다.
③ 왼쪽 부분은 위아래 테두리까지 포함하여 코를 주워 멍석뜨기로 11단을 떠서 완성한다.

동상

수호천사
신현정

사용실과 사용량 : 순면콘사 18합 베이지색·흰색·갈색·보라색·연보라색·분홍색·빨간색 약간씩
사용 도구 : 모사용 코바늘 3/0호
부자재 : 단추 **사이즈** : 18cm × 23cm **난이도** : ★★★★★
작품 사진 : 54쪽

드레스

① 사슬 96코를 잡아 원으로 이어 준다.
② 크로커다일 무늬를 뜨기 위해 1길긴뜨기로 기본 틀을 잡아 준다.
③ 1코에 1길긴뜨기 2번 한 곳에 1길긴뜨기 5번씩 2번을 해 주고, 1길긴뜨기 하나 있는 곳에 짧은뜨기를 한다.
④ 총 16개의 무늬를 뜬다.
⑤ 보라색 3단. 연보라색 3단. 분홍색 2단을 떠 드레스를 완성한다.

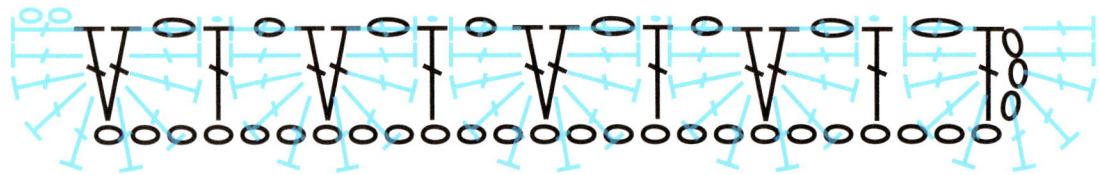

바닥

① 위의 도안과 같이 시작하여 단마다 16코가 늘어나도록 한다.
② 6단까지 떠 96코가 되도록 한다.
③ 드레스와 반원만 이어 붙이고 드레스 무늬 2개 사이 지점에 맞춰 단추를 5개 달아 준다.

드레스 리본

① 8코로 시작하여 7단까지 뜬다.
② 다음은 7코. 6코. 5코로 줄이고 다시 6코. 7코. 8코로 늘려 총 21단을 뜬다.

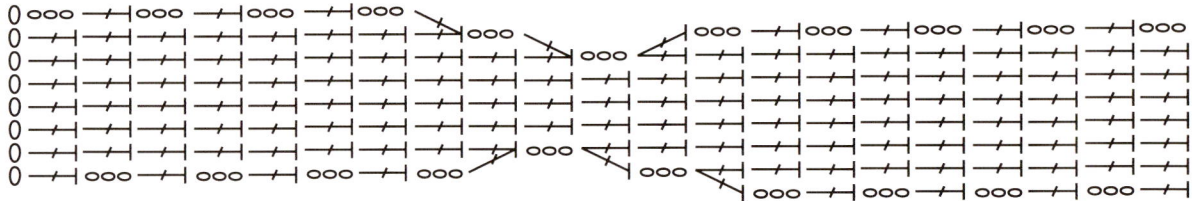

몸판

① 드레스 부분에서 위와 같이 코줄임과 1길긴뜨기를 64코 만들어 준다.
② 새로 사슬코 64코를 잡아 짧은뜨기로 8단을 뜬다(무늬 5개 정도 부위는 ①과 연결하지 말고 이어 붙인다).
③ 9~15단까지 6코씩 줄여 16코가 될 때까지 뜬다.

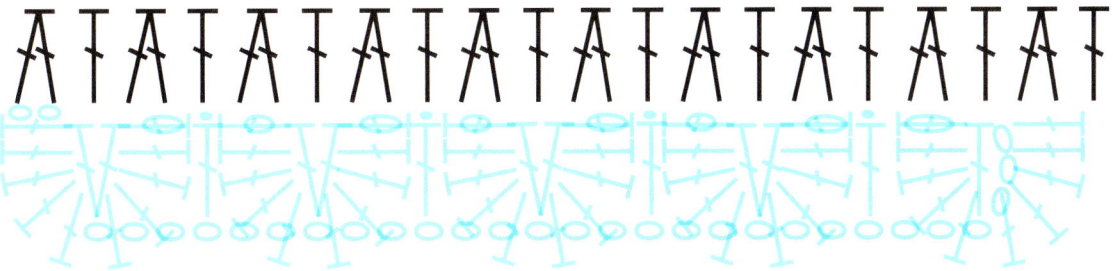

얼굴

① 몸판 ③에 베이지색 실로 이어서 짧은뜨기로 16코를 뜬다.
② 16코 1단 더 뜨고 8코씩 늘려 40코가 되도록 한다.
③ 40코로 6단을 뜨고 코줄임을 한다(코줄임. 짧은뜨기 3번 / 코줄임. 짧은뜨기 2번 / 코줄임. 짧은뜨기 1번 / 코줄임 / 코줄임. 짧은뜨기 1번).
④ 5코가 남으면 실을 꿰어 조여 준다.

팔

① 아래의 도안과 같이 12코가 되도록 뜬다.
② 23단까지 뜬다. 2개 떠 준다.

드레스 소매

① 흰색 실로 14코를 잡아 원으로 이어 주고 1길긴뜨기를 한다.
② 2번째 단은 1코에 3개의 1길긴뜨기를 해 준다.
③ 3번째 단에서 8번째 단까지 42코를 1길긴뜨기로 떠 준다.
④ 9번째 단에서는 3코모아뜨기를 한다.
⑤ 10번째 단에서는 12코를 1길긴뜨기로 뜨고 마무리한다. 2개 뜬다. 소매에 팔을 넣고 꿰매 준다.

리본 꽃다발

① 실로 원 모양을 잡아 바로 사슬뜨기 3코, 1길긴뜨기 2개, 사슬뜨기 3코, 짧은뜨기를 해 준다.
② 다시 사슬뜨기 3코, 1길긴뜨기 2개, 사슬뜨기 3코, 짧은뜨기를 해 주고 실을 길게 남겨 끊어 준다.
③ 시작실과 끝실 모두를 원 안에 넣고 조여 준다.
④ 여러 가지 색상의 실로 12개를 만들고 길게 남은 실을 빨간실로 묶어 꽃다발을 만든다.
⑤ 꽃잎들을 손에 꿰매 모양을 잡아 준다.

머리

① 손가락 3개에 실을 적당히 감아서 가운데를 묶어 준다.
② 4뭉치 정도 만들어 얼굴에 앞머리로 만든다.
③ 모양을 잘 다듬어 준다.
④ 25cm 정도 8가닥씩 묶어 8개를 만들어 준다.
⑤ 앞머리 뒤에부터 뒤통수까지 일렬로 꿰매 준다.

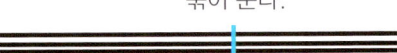

묶어 준다.

꿰매 준다.

몸판 바닥

① 1길긴뜨기 14개로 시작한다.
② 28코, 42코까지 뜨고 몸과 얼굴에 솜을 채운 뒤 이어 붙인다.

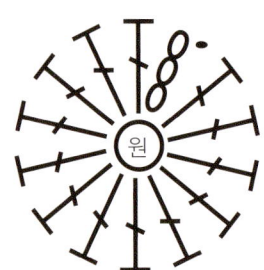

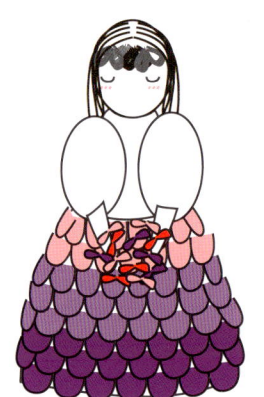

동상

감성 캠핑 가스워머

김희진

사용실과 사용량 : 몽블랑스탠다드 11가지색 약간씩
사용 도구 : 모사용 코바늘 5/0호
사이즈 : 12cm x 10cm **난이도** : ★★☆☆☆
작품 사진 : 55쪽

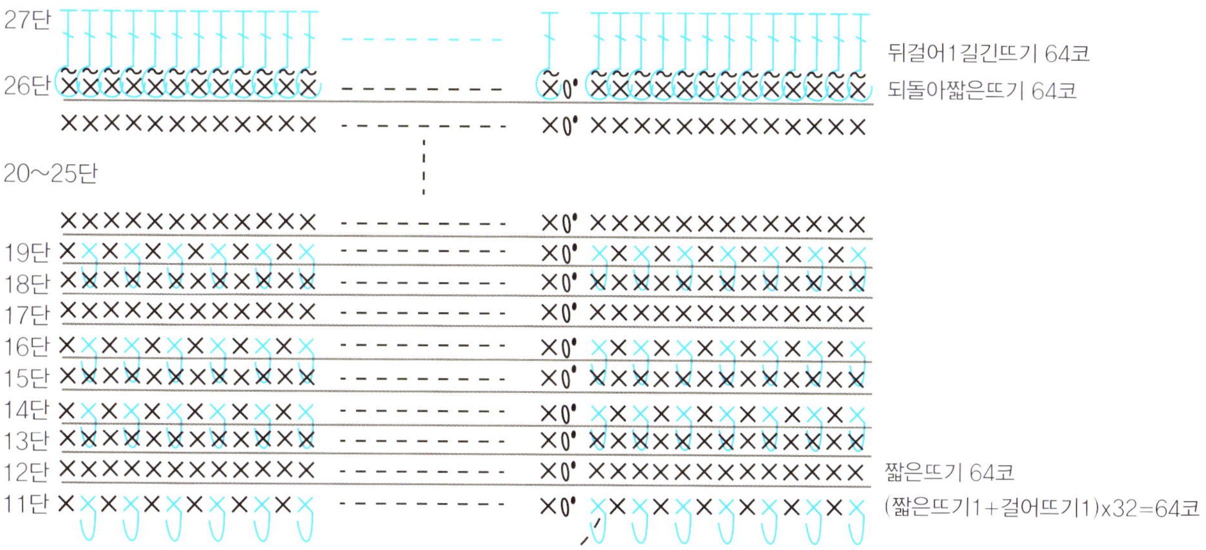

27단 뒤걸어1길긴뜨기 64코
26단 되돌아짧은뜨기 64코

20~25단
19단
18단
17단
16단
15단
14단
13단
12단 짧은뜨기 64코
11단 (짧은뜨기1+걸어뜨기1)x32=64코

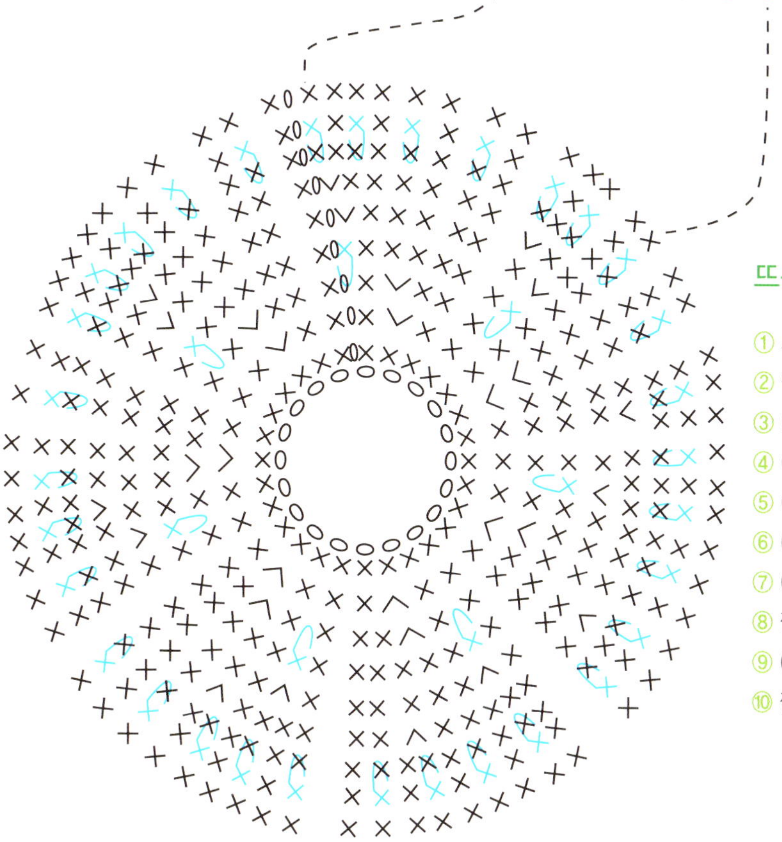

뜨는 법

① 사슬코 20개로 원을 만든다.
② 짧은뜨기 28코 뜬다.
③ (짧은뜨기 3코, 코늘임)x7=35코
④ (짧은뜨기 4코, 코늘임)x7=42코
⑤ (짧은뜨기 6코, 걸어뜨기)x7=49코
⑥ (짧은뜨기 6코, 코늘임)x7=56코
⑦ (짧은뜨기 6코, 코늘임)x8=64코
⑧ 짧은뜨기 64코를 뜬다.
⑨ (짧은뜨기 1코, 걸어뜨기)x32=64코
⑩ 짧은뜨기 64코를 뜬다.

동상

실타래의 꿈
김 장 미 겨울장미

사용실과 사용량 : 혼방사 여러 가지 색 700g
사용 도구 : 모사용 코바늘 3/0호
부재료 : 안감, 지퍼, 손잡이 등 **사이즈** : 46cm x 30cm
난이도 : ★ ★ ★ ☆ ☆ **작품 사진** : 56쪽

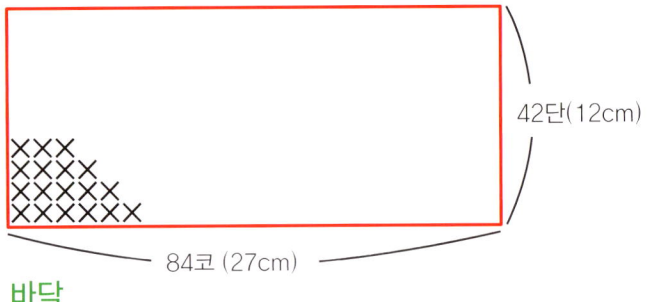

바닥

① 색실과 갈색 실 합하여 사슬코 84코를 잡아 짧은뜨기 42단을 뜬다.
② 다 뜬 후에 전체를 짧은뜨기로 1번 둘러 준다.

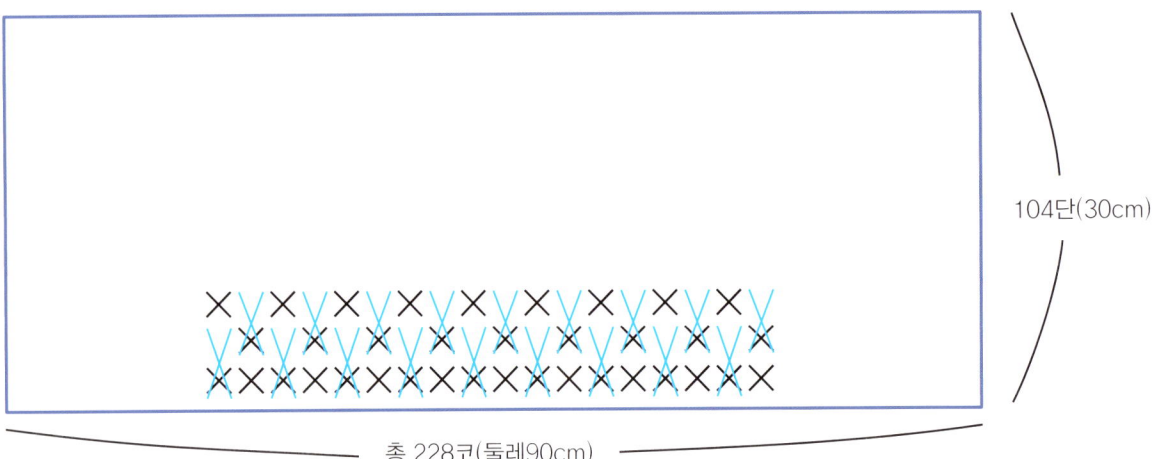

원판

① 바닥판의 코의 기둥에 걸어뜨기를 하면서 원형으로 둥글게 떠 올라간다(228코).
② 1번째 단은 짧은뜨기. 2번째 단부터는 2중짧은뜨기로 뜬다. 8단까지는 바닥과 같은 색으로 뜬다.
③ 2중짧은뜨기로 8단 이후는 12단마다 색을 바꿔 103단까지 뜬다. 짧은뜨기로 1단을 떠 마무리한다.

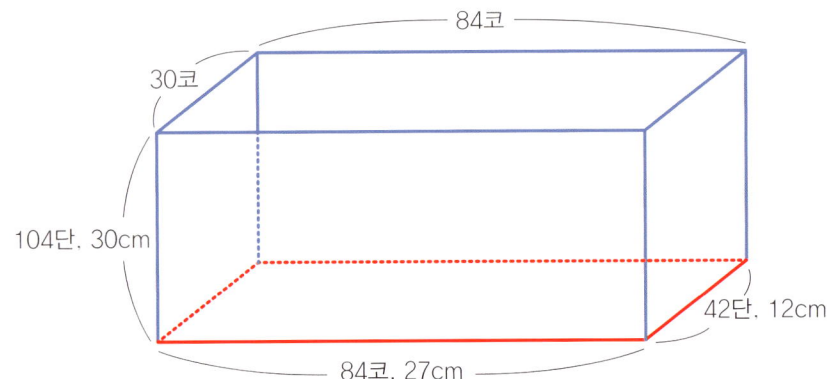

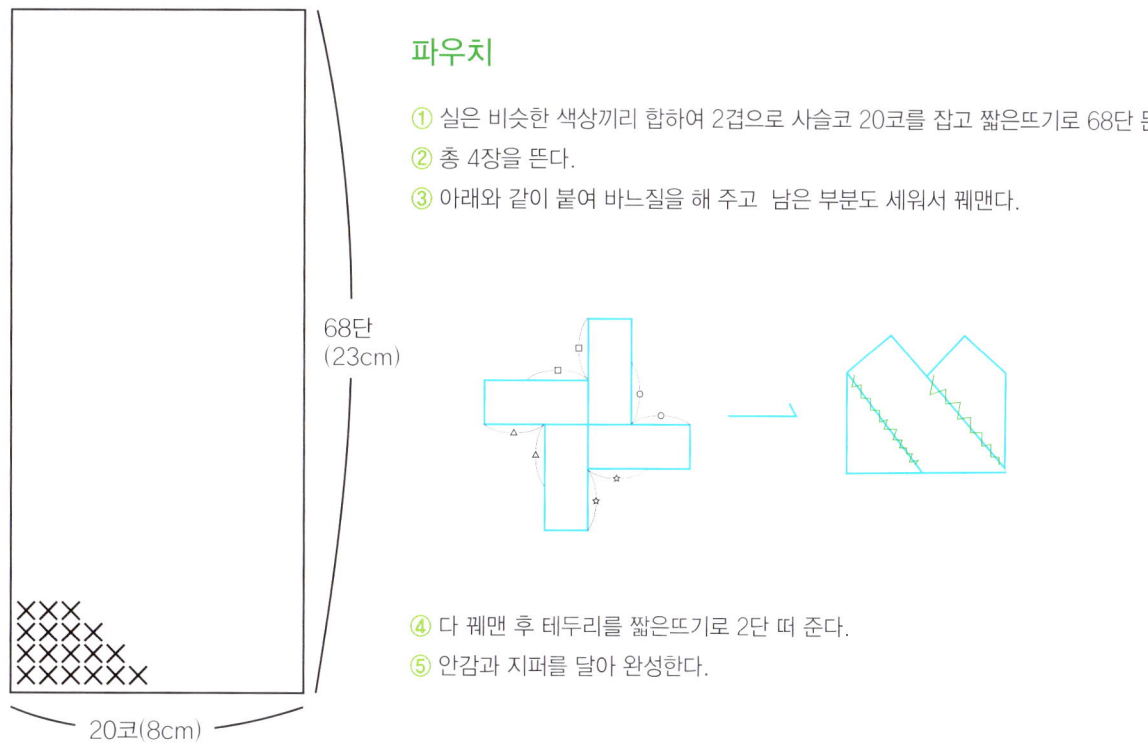

파우치

① 실은 비슷한 색상끼리 합하여 2겹으로 사슬코 20코를 잡고 짧은뜨기로 68단 뜬다.
② 총 4장을 뜬다.
③ 아래와 같이 붙여 바느질을 해 주고 남은 부분도 세워서 꿰맨다.
④ 다 꿰맨 후 테두리를 짧은뜨기로 2단 떠 준다.
⑤ 안감과 지퍼를 달아 완성한다.

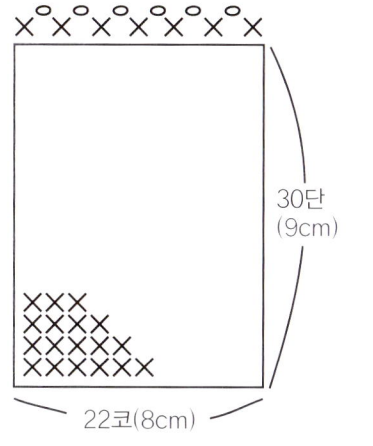

핸드폰 케이스

① 파란실과 색실을 합하여 2겹으로 22코를 잡는다.
② 사슬 양옆으로 짧은뜨기를 하여 6단마다 파란색 실은 기본으로 두고 다른 색 실을 합사하여 배색을 바꾼다. 30단까지 뜬다.
③ 윗부분은 짧은뜨기 1개. 사슬 1개로 1바퀴 떠서 마무리한다.

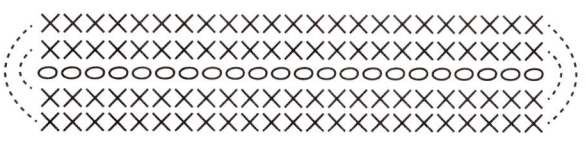

핸드폰 케이스 시작 부분

동 상

섬김이의 수세미
서 연 화 빨강풍선

사용실과 사용량 : 몽블랑 스탠더드 여러 가지 색상 약간씩
사용 도구 : 보사용 코바늘 5/0호
사이즈 : 12cm x 12cm **난이도** : ★ ★ ☆ ☆ ☆
작품 사진 : 57쪽

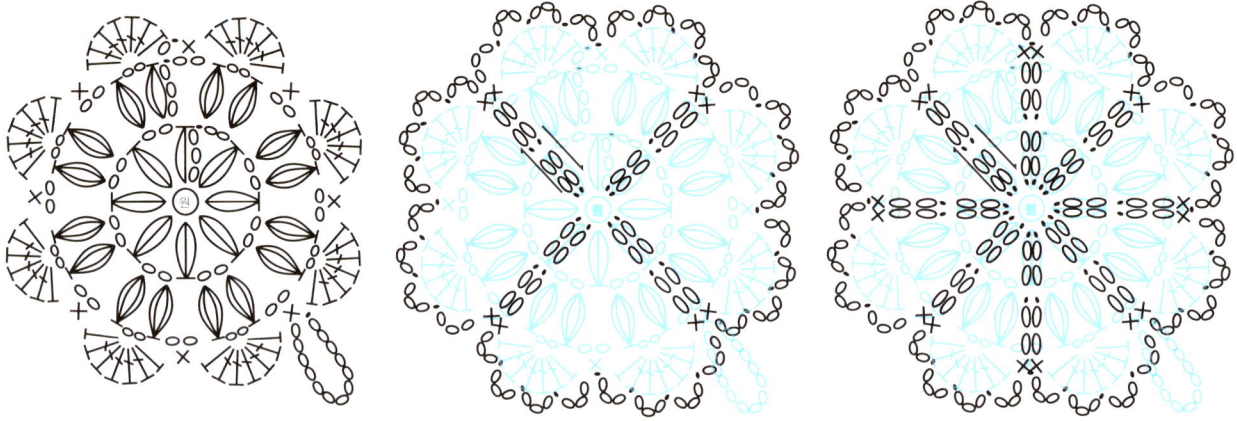

행운 가득 클로버

① 민트색으로 위의 도안과 같이 뜬다.
② 흰색 실로 앞면을 정해 2가지 방법으로 무늬를 뜬다.

섬김이의 코스모스

① 연노란색으로 1단을 뜨고 이어서 연두색으로 도안과 같이 뜬다.
② 흰색으로 테두리를 도안과 같이 떠 준다.

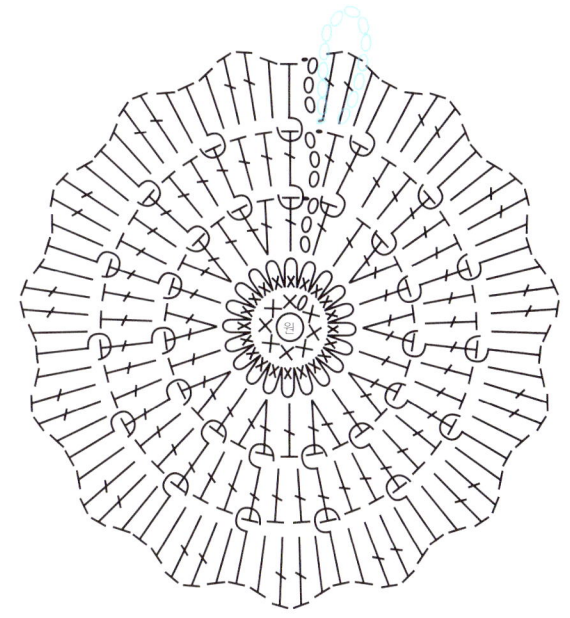

섬김이의 별

① 1단은 민트색으로 뜬다.
② 노란색 실로 나머지를 떠 주고 흰색 실로 테두리를 짧은뜨기로 둘러 준다.

섬김이의 버블플라워

① 2번째 단은 집게손가락에 실을 걸어 둔 상태로 짧은뜨기를 뜨면 고리 모양이 생긴다. 고리를 만들어 주며 떠 준다.
② 코늘림은 코와 코 사이에 뜨면 자연스럽게 늘어난다. 마지막 단도 코와 코 사이에 떠 주면서 완성한다.

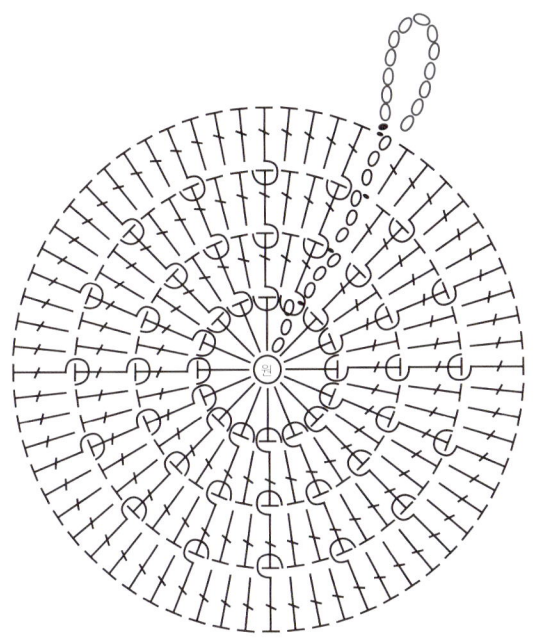
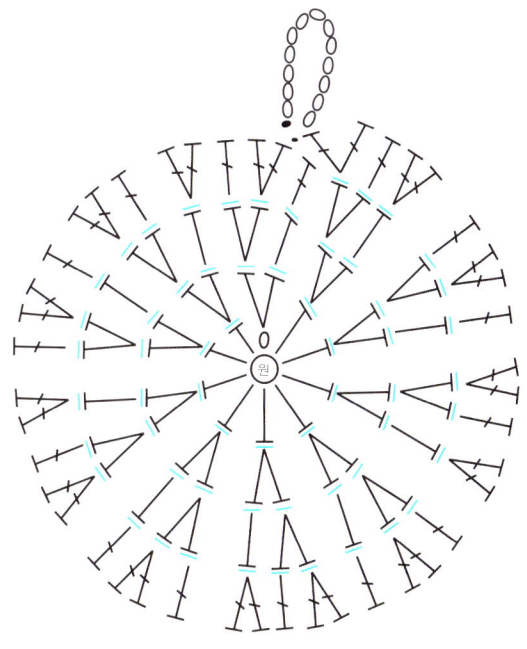

섬김이의 태양

① 코늘림은 코와 코 사이에 떠 주면서 늘린다.
② 앞걸어뜨기 라인만 핫핑크색으로 뜬다.

POP SNAIL

① 갈색 실로 시작하여 2번째 단부터 이랑뜨기로 뜬다.
② 도안처럼 뜨고 실을 바꾸어 이랑뜨기한 부분은 분홍색 실로 되돌아짧은뜨기로 중심부분까지 뜬다.

동상

사선 조각 가방

김숙자 Mommy

사용실과 사용량 : 그레이스 베이지색 180g, 연두색 · 보라색 · 빨강색 각각 40g
사용 도구 : 모사용 코바늘 2/0호
사이즈 : 35cm x 40cm   **난이도** : ★ ★ ★ ☆ ☆
작품 사진 : 58쪽

뜨는 법

① 사슬 40코를 잡아 짧은뜨기로 3단 뜬다.
② 다른 색실로 짧은뜨기를 하면서 2단 아래의 코에 걸어서 1코 뜨고 4코는 그냥 짧은뜨기를 해 주고 1코 걸어뜨기를 반복한다.
③ 다음 단은 그냥 짧은뜨기를 해 준다.
④ 처음 사용한 색실로 ②. ③을 뜬다.
⑤ ②~④를 반복하여 160단이 될 때까지 뜬다.
⑥ 4장 떠 준다.

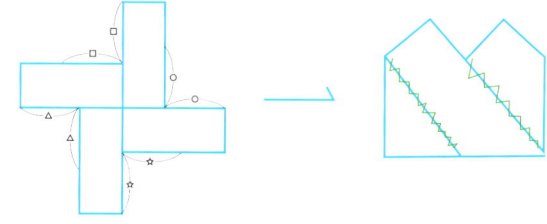

⑦ 위와 같이 4장을 배치하여 꿰매 준다.
⑧ 다 꿰맨 후 짧은뜨기 5단으로 테두리를 뜬다.
⑨ 안감과 지퍼를 달아 완성한다.

동상

북유럽풍 니트 토드백
장미경

사용실과 사용량 : 혼방사 여러 가지 색상 40g, 면사 여러 가지 색상 80g
사용 도구 : 대바늘 4mm, 3.5mm **부자재** : 안감, 돗바늘, 가방 손잡이, 단추
사이즈 : 36cm × 29cm(게이지 23cm × 29cm) **난이도** : ★ ★ ★ ☆ ☆
작품 사진 : 59쪽

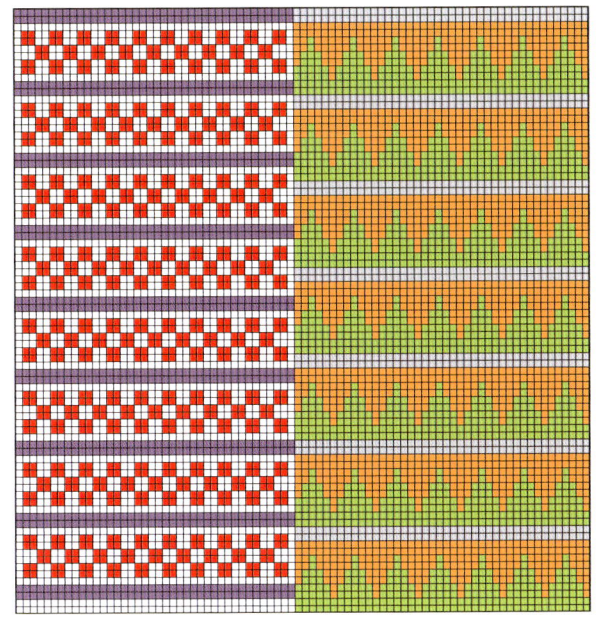

도안 A

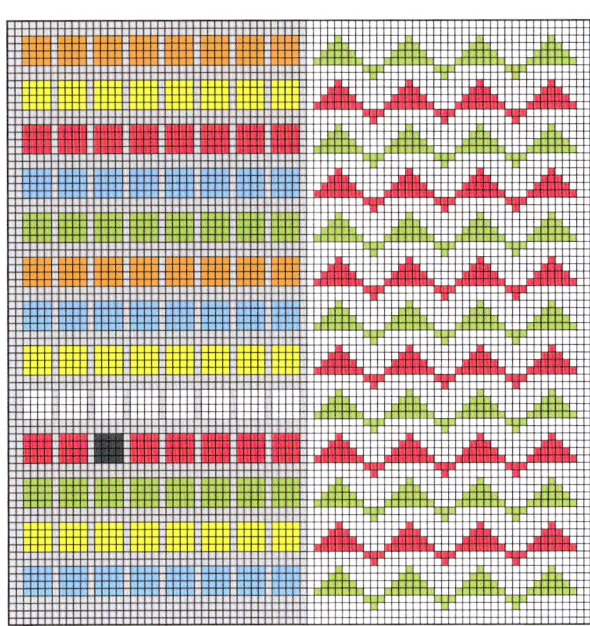

도안 B

도안 C

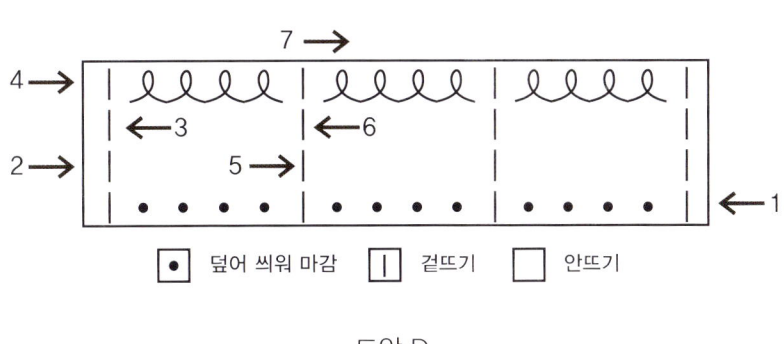

도안 D

● 덮어 씌워 마감 | 겉뜨기   □ 안뜨기

뜨는 법

① 바닥뜨기 : 4mm 대바늘로 일반코잡기로 42코를 잡고 3.5mm 대바늘로 메리야스뜨기 30단을 뜬 후 코막음을 한다.

② 넓은 쪽에서 82코를 주워 도안 A. B의 무늬대로 84단을 뜬 후 코를 걸어 둔다.

③ 바닥의 좁은 쪽에서 25코를 주워 32단을 뜨고 1코고무단을 2단을 떠서 코막음으로 마무리한다(도안 C).

④ ③을 뜬 맨 아랫단 안쪽에서 25코를 주워 메리야스뜨기로 84단을 뜨고 코를 걸어 둔다.

⑤ 가방의 앞면. 옆면을 바늘을 걸어 둔 곳까지 돗바늘로 꿰맨다. 주머니는 옆면에 꿰매 준다.

⑥ 4면의 걸어 둔 코를 1코고무단으로 뜨되 각 면의 시작코와 마지막코를 왼코겹치기와 오른코겹치기로 1단에 2코씩 하여 8코를 줄여 준다.

⑦ 무늬뜨기 중 B무늬의 구멍 무늬(흰 부분)는 1코 뜨고 4코막음을 반복한다. 그 다음 끝의 코를 4단 먼저 뜨고 감아코 만들기로 4코를 만든다.
1코씩 있는 부분도 4단 먼저 뜨고 다시 감아코 4코. 1코4단떠주기를 반복하여 구멍무늬를 만든다(도안 D).

⑧ 구멍 무늬 뒤쪽에 패브릭을 덧대어 준다.

⑨ 패딩지로 만든 안감을 가방 안쪽에 박아 주고 원단으로 사방 입구를 박아서 마무리하고 손잡이를 달아 준다.

⑩ 양 옆에 단추 2개를 달아서 여며 가며 꿰매 준다.

동상

꽃 수세미

김경희 강여사

사용실과 사용량 : 몽블랑 스탠더드 여러 가지 색상 약간씩
사용 도구 : 모사용 코바늘 7/0호
사이즈 : 12cm x 12cm **난이도** : ★ ★ ☆ ☆ ☆
작품 사진 : 60쪽

채송화 수세미

① 3번째 단은 2번째 코에서 시작하며 피코가 아닌 짧은뜨기코에 걸어 코늘림을 한다.
② 4번째 단에서 사슬코 10코로 고리를 만들어 주고 1길긴뜨기를 시작한다.
③ 테두리 빼뜨기는 뒤걸어빼뜨기로 한다.

과꽃 수세미

① 3번째 단에서 사슬코 10개로 고리를 만든다.
② 5번째 단에서는 3단째 방울에 걸어 떠 준다.

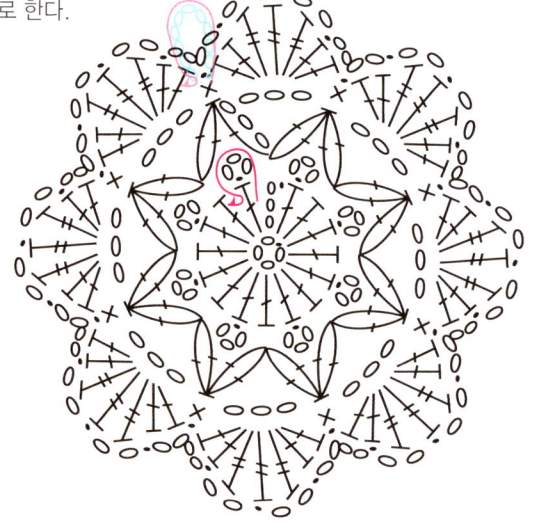

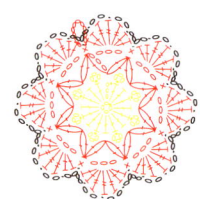

모란 수세미

① 3번째 단에서 사슬코 10개로 고리를 만든다.
② 테두리 빼뜨기는 뒤걸어빼뜨기로 한다.

동상

가려진 시간 사이
남민영

사용실과 사용량 : 순면콘사 18합 흰색 450g · 파란색 250g · 하늘색 250g
사용 도구 : 모사용 코바늘 3/0호　**부자재** : 캔꼭지 336개, 파티션, 돗바늘
사이즈 : 80cm x 130cm　**난이도** : ★ ★ ☆ ☆ ☆
작품 사진 : 61쪽

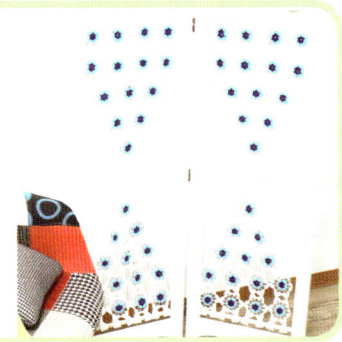

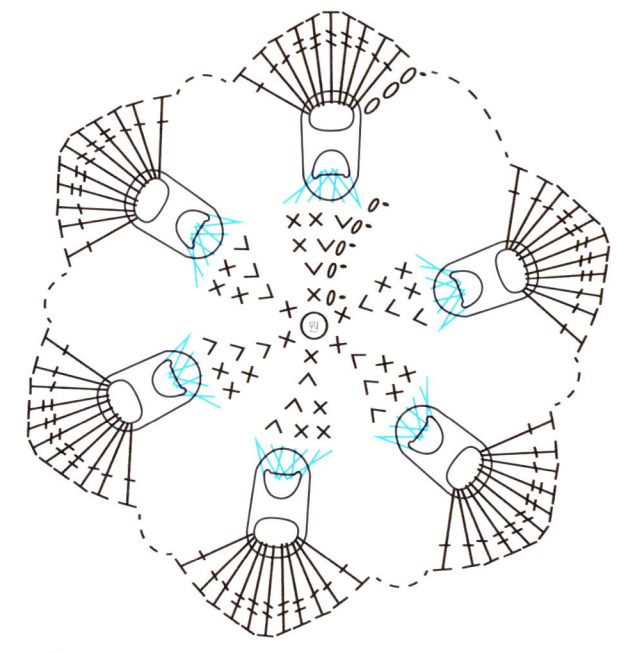

모티브

① 파란색 실로 도안처럼 뜨기 시작한다.
② 하늘색 실로 캔꼭지 구멍에 떠 준다(코늘림. 짧은뜨기 3코).
③ 흰색 실로 남은 고리 부분에 1길긴뜨기 3코. 2길긴뜨기 5코. 1길긴뜨기 3코로 뜬다.
④ 56장 만든다.

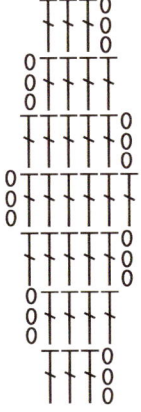

고리 만들기

① 기둥코에도 1길긴뜨기를 해 주면서 코를 늘린다.
② 32장 만든 후 반으로 접어 모티브와 돗바늘로 연결한다.

2길긴뜨기 3번째 코에서 빼뜨기로 연결

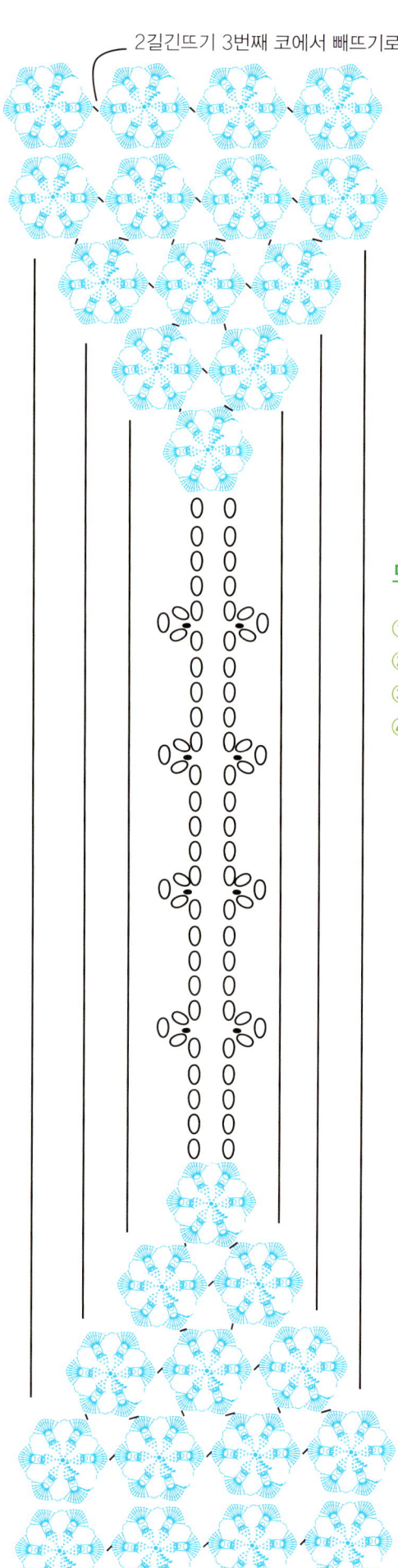

모티브 사이 연결 무늬

① 사슬뜨기 5코, 피코뜨기 4번이 반복되도록 4줄 만들어 준다.
② 똑같은 방법으로 무늬 12개가 나오도록 4줄 만든다.
③ 무늬 18개가 나오도록 반복한다.
④ 26개가 나오도록 4줄 뜬다.

동상

헥사곤 러그
니트러브

사용실과 사용량 : 플라워사(꽃사) 빨간색 2볼 540g, 몽블랑 스탠더드 연노란색, 갈색, 진초록색 약간씩
사용 도구 : 모사용 코바늘 7/0호
부자재 : 돗바늘   **사이즈** : 50cm x 90cm
난이도 : ★★☆☆☆   **작품 사진** : 62쪽

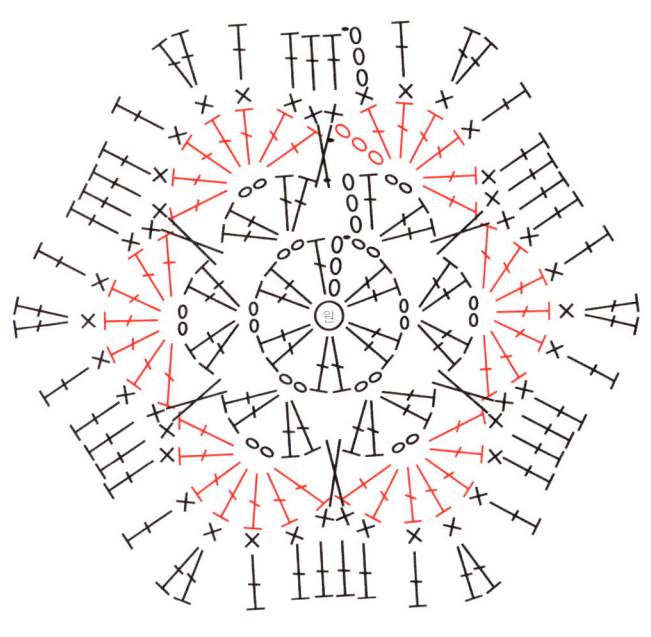

모티브 40장

붉은색 부분은 플라워사로 뜬다.

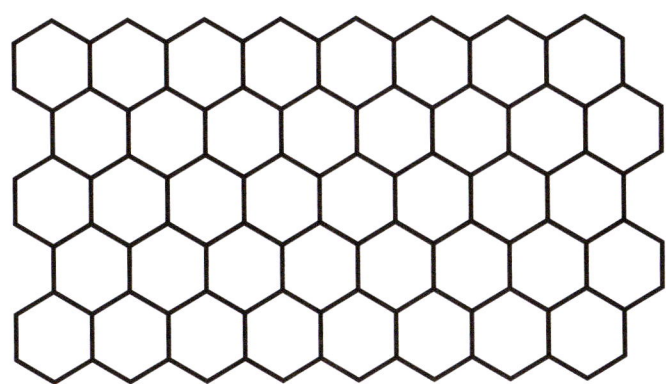

40장을 떠서 돗바늘로 하나씩 이어 준다.

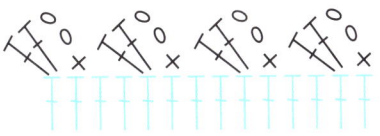

전체 테두리

40장을 이어 주고 나서 전체에 테두리를 뜬다.

Haruki 하루키

깃털처럼 가볍습니다.
털이 전혀 빠지지 않으며 가늘고 부드럽습니다.
두 겹으로 뜨면 학생들 방석으로 너무 좋습니다.

태림모사

Domino 도미노

국산 한지 100%
국내 제작 기술로 염색과 가공되었습니다.
물세탁이 가능하며 작품의 완성도와 형태유성이 매우 좋습니다.

ECO CLASSIC 에코 클래식

100% 피마면, 75g, 20색상
실켓염색 처리가 되어서 색상이 선명합니다.
작품 수명도 오랫동안 지속 가능합니다.

덕진산업

몽블랑 스탠다드
선명하고 다양한 41가지 색상으로 다양하고 섬세한 표현을 할 수 있습니다.
인형과 소품, 수세미 소재로 매우 좋습니다.

아사코

모자와 가방 소품, 아사코가 책임집니다.
광택이 작품을 빛나게 합니다.

울팡

올 겨울 시즌 가장 기대되는 목도리(인형) 실로
은은한 광택이 나며 꼬임이 부드럽습니다.

서울크로바

동방 18합·24합, 코스모스 12합

국내에서 제작된 콘사(면사) 중에
부드러움을 따라올 수 있는 제품은 없습니다.

삼원섬유

골드캐시미어
이탈리아 몬디알의 최고급 캐시미어로
아기 피부처럼 부드럽고 포근합니다.

메리노울 5피
이탈리아 메리노울 100%
가볍고 부드러운 고급 메리노울입니다.

삼화섬유

그레이스
고급스럽고 은은한 광택 코튼 100%
실켓 처리가 되어 있어 잔털이 없습니다.

마리 골드 마사
마사와 면사의 장점만을 조합한 니트용 뜨개실입니다.

삼성모사

기자
태팅레이스 전용 실로서 인기가 좋은 100% 코튼입니다.

자그레브
고급스러운 광택으로 의류 제작에 좋은 소재 100% 코튼입니다.

다다
고급스러운 광택의 코튼 100%, 자그레브보다 약간 굵은 면사입니다.

풍천상사

피마메란지
피마면 100%이며 투톤 느낌의 색감 때문에 은은하고 고급스러운 작품을 완성할 수 있습니다.

캔디
40수의 얇은 면사
고급스럽고 부담스럽지 않은
가격으로 오랫동안 사랑받고 있는 제품입니다.

미미
최고급 피마면으로 만들어진 이탈리아 제품입니다.
반짝이가 섞여 있어서 다양한 표현이 가능한 제품입니다.

필립섬유

손뜨개 소품집 Ⅱ

2014년 7월 25일 1판1쇄
2019년 1월 25일 1판3쇄

저자 : 니트러브
펴낸이 : 남상호

펴낸곳 : 도서출판 **예신**
www.yesin.co.kr

04317 서울시 용산구 효창원로 64길 6
대표전화 : 704-4233, 팩스 : 335-1986
등록번호 : 제3-01365호(2002.4.18)

값 15,000원

ISBN : 978-89-5649-114-1

* 이 책에 실린 글이나 사진은 문서에 의한 출판사의
동의 없이 무단 전재ㆍ복제를 금합니다.